UP非常成长书

一口气读完 一辈子受益

UP 非常成长书

一口气读完 一辈子受益

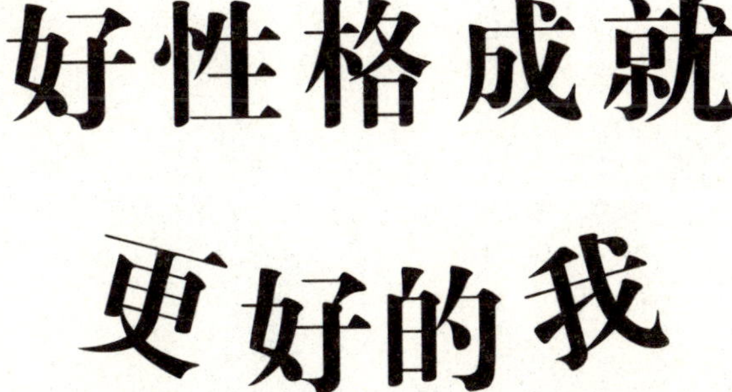

好性格成就更好的我

——影响孩子一生的励志故事

晓玲叮当　编著

目 录

目　录

引子

对世界微笑的人
世界也会回报以微笑
乐观开朗的孩子
就像一个小太阳
温暖又明亮
蜜蜂、蝴蝶还有好朋友
都向你奔来
亲爱的小读者
快快打开这本书
去寻找受人欢迎的秘密吧

岁月的诗篇

这是一本极为特殊的诗集，书名为《请不要灰心呀》。诗集的封面上是一张老奶奶的照片。这位奶奶已经年逾九十，头发花白，脸上布满皱纹，而她的眼睛却炯炯有神，充满活力。

她就是这本书的作者柴田丰，当前日本年龄最大的女诗人。柴田丰奶奶历经无数坎坷与波折，但她的诗歌却如阳光般温暖，如清泉般沁人心脾，字里行间充盈着对生活的希望与热情。

柴田丰是家中的独女，小时候家庭条件优越，但好景不长，由于父亲好吃懒做，不善经营，在她十几岁时，家境就已经衰败。

柴田丰跟着父母从大房子搬到了一个大杂院，三个人挤在一间小破屋里。迫于生计，小小年纪的她就跟着母亲在旅馆和饭馆里打杂工、干零活、浆洗缝补。

从小公主一下子变成童工，小柴田丰没有怨天尤人。累的时候，她总是咬紧牙关为自己打气：“坚强一些，不要气馁！”

命运弄人，二十岁时，柴田丰经历了一场噩梦般的婚姻。

她的第一任丈夫对家庭不闻不问，混迹于各种酒馆，嗜赌如命，时不时就对柴田丰拳脚相向。在这样的屈辱之下，柴田丰鼓起勇气跟丈夫离了婚。

后来，柴田丰又结婚了，这段婚姻虽然平淡幸福，却也磨难重重。在与第二任丈夫相依为命的近六十年间，她经历了二战时期的空袭、原子弹爆炸等灾难，又艰难地熬过了战后重建与泡沫经济带来的生活危机。

生活给了柴田丰太多的阴影和创伤，但是乐观的她总是选择记住生命中的美好和感动。她享受着家庭生活中的点滴幸福，将生活中的快乐放大，于是，生活中痛苦的部分也就缩小了。

丈夫去世之后，九十多岁的柴田丰奶奶一下子失去了精神支柱，倍感孤独。

在儿子的建议下，柴田丰奶奶开始尝试写诗，她的生活又有了新的滋味。

尽管行动十分不便，柴田丰奶奶每天依旧坚持早起。她“呀呼儿哟”地喊着口号，从床上爬起来写诗。她先用铅笔写下初稿，等儿子来时念给他听，经过仔细修改和打磨才最终成文，一点儿也不马虎。

柴田丰奶奶的诗歌，是她一生的写照。她说：“我的过去、我的家庭、我的生活，我让我自己沉浸在这些回忆中，从中汲取灵感，写成诗句。”文如其人，她的文字总是充满着慰藉人心的力量。

在生命的最后十年间，柴田丰奶奶用手中的笔，鼓舞了无数失意的人。她的诗歌变成了铅字，变成了电台里播出的声音……从她的诗句里，人们总能感受到勇气和希望。

不同的命运

生活，就应当努力使之美好起来。

——[俄]列夫·托尔斯泰

“文革”期间，一位中文系老教授和一位音乐系老教授被安排在同一个乡村农场铡草。

生活单调乏味，每天除了铡草还是铡草。中文系老教授忍受不了这样的生活，身体状况一天不如一天，不到一年便去世了。那位音乐系教授却身体硬朗，在铡草的时候还哼着歌呢。

一晃六年过去了，音乐系的老教授重返大学任教，大家惊奇地发现，老教授依然如当年一样神采奕奕。有人问他：“那六年你是怎么熬过来的呢？”

老教授回答：“我把铡草当作欣赏音乐，我每次铡草都是按四四拍的节奏铡的！”

同样的境遇，因为心态的不同，结果也截然不同。音乐系老教授从单调重复的劳作中找到了乐趣，他把自己灰暗的日子谱成了一首乐曲；而中文系老教授却沉浸在痛苦中无法自拔，每一天都过得愁苦无比。

亲爱的小读者，我们怎样看待事情的态度，决定了我们的心情。遇到不如意的事情时，如果你习惯用消极的心态去看待，那你的生活将笼罩在一片阴云之中。如果我们不能改变身边的环境，不妨试着去改变自己，学会用乐观的态度去看待周遭的一切，你便能感受到更多生活的美好与快乐。

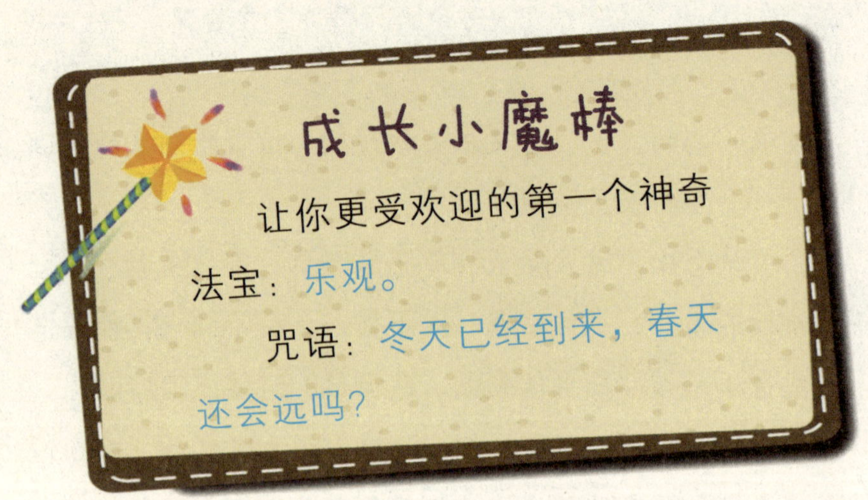

做鞋与做总统

亚伯拉罕·林肯是美国第十六任总统，他废除了黑人奴隶制，曾被英国《泰晤士报》评为最伟大的总统。

但是，在林肯刚刚当上总统时，整个参议院的议员都对林肯抱着轻视的态度。

那些参议员大多出身于名门望族，自认为是上流社会的人。他们听说林肯是鞋匠的儿子，便十分看不起这个出身低微的新总统，想着法子处处针对林肯。

林肯上任之后，按例要在参议院发表演讲。这是他上任后的第一次参议院演讲，这次演讲对他来说极为重要。

那天，林肯精神抖擞地走上演讲台，正当他准备演讲时，一个尖锐的声音在台下响起。

“嘿！”一个神情傲慢的议员不满地对林肯叫道，“林肯先生，在你演讲之前，我要提醒你一下，你是一个鞋匠的儿子！”

台下响起了一阵阵刺耳的哄笑声。要是换成别人，可能早就红着脸溜走了，但林肯的表情十分坦然，丝毫没有被别人的嘲笑声影响。

林肯微笑着回答：“我非常感谢这位先生提到了我过世的父亲，我也一定会牢记你的忠告，永远记住自己是一位出色鞋匠的儿子，并为此而感到自豪。因为我知道，我做总统可能永远没法达到我父亲做鞋的水平，他是一位如此优秀的鞋匠！”

台下静了下来，议员们没想到林肯会这样回复。

紧接着，林肯对刚才羞辱他的议员说：“我父亲在世的时候也为你家做过鞋子。我从小就跟父亲学了不少做鞋的技能，如果你的鞋子不合脚，我可以帮你修整。虽然我没他的手艺好，但是这点小问题难不倒我。”

那个羞辱林肯的议员红着脸，不好意思地低下了头，他为自己之前的言辞感到羞愧万分。

“还有其他的参议员，你们也一样，”林肯挺直了背，从容地说道，“如果你们当中有谁穿着我父亲做的鞋子，需要修鞋的时候，尽管来找我，我一定会尽力修补。我的父亲是我最敬佩的人，我永远不可能达到他的手艺水平。在做鞋方面，他是个伟大的人。”

林肯的话音刚落，台下就响起了雷鸣般的掌声，人们被这位总统开阔的胸襟和朴实的品格所折服。

一盆兰花

身安不如心安，屋宽不如心宽。

山上有一座寺庙，寺庙里有一个老和尚和一个小和尚。老和尚养了一盆兰花，兰花淡雅美丽，散发着幽幽清香。老和尚十分喜爱这盆兰花，浇水施肥，悉心照料。

一天，老和尚有事要出远门，临行前叮嘱小和尚，让小和尚好好照看兰花。

老和尚走后，小和尚很是认真地照料兰花，就像老和尚一样。兰花长势喜人，比之前长得更茁壮了。

天有不测风云。一天，突然下起了暴雨，小和尚还没来得及把兰花端进屋子，兰花就被暴风吹折了，满地都是零落的花瓣。

小和尚看到这一切，伤心极了。

这天，老和尚回到了寺庙，小和尚把兰花的事情告诉了老和尚，等着老和尚责骂自己。

没想到，老和尚竟然一点也没生气，他微笑着摸着小和尚的头，说："我养兰花不是为了生气的。"

古人有云："心如大地者明。"心胸像大地一样宽广的人，无论遇到什么烦心或者棘手的事情，都能冷静下来，泰然处之。

亲爱的小读者，生活中会发生千千万万的事情，如果每件事情我们都去计较，那真是要累坏啦！豁达是一种智慧，似和风细雨，润物无声，在无形之中就化解了麻烦。当你遇到烦心的事情时，不妨在心中默念：“我们来到这世上不是为了生气的。”

早安，米勒先生

西蒙·史佩拉传教士是一名犹太人，他居住在一座风景秀丽的小镇上。

史佩拉非常喜欢这座小镇，他每天都会到田间散步，一边欣赏沿途的景色，一边对路人微笑着问好。

“早安，米勒先生！”史佩拉对一个正在干农活的农夫挥了挥手。

那位名叫米勒的农夫停下了手里的活，高高地举起帽子，大声回答：“早安，史佩拉先生！”

史佩拉脸上挂着和善的笑容，继续往前走。

这个镇上的人们都不欢迎犹太人，更别提和犹太人交朋友了。一开始，史佩拉向人们打招呼时，所有人都不理他。

史佩拉还记得第一次向米勒打招呼时，米勒一脸凶恶地瞪着他，那样子就像一只领地受到侵犯的老虎。

史佩拉并没有气馁，每次遇到米勒时，他还是会微笑着向对方问好。渐渐地，米勒对史佩拉的态度发生了变化。直到有一天，米勒举起手中的帽子，回应了史佩拉。

从那之后，他们便一直维持着这样问好的方式。

可是好景不长，纳粹党上台了，开始大肆虐杀犹太人。一天，镇上来了几辆大卡车，卡车上跳下一群全副武装的纳粹士兵，他们举着武器，蛮横地将镇上所有的犹太人集中到一起，接着用卡车将他们运送到集中营。

史佩拉一家也没有幸免于难。

史佩拉被迫和家人分开，他不停地被转送到一个又一个不同的地方，最后，他被列车送到一个位于奥斯威辛的集中营。

史佩拉不知道等待自己的命运是什么，他麻木地随着人们从列车上下来，安静地排在队伍里，随着队伍往前挪动。

“左，右，左，左……”一位指挥官背对着从列车上下来的人，下达着命令。

那些被分到左边的人不久之后就会被送到焚化炉中，被分到右边的人则还有一线生机。

史佩拉不知道这位指挥官是什么样的人，此刻，他的命运完全掌握在那人手中。

队伍越来越短了，史佩拉握紧了拳头，冷汗湿透了他的衣服。

“史佩拉。”一个士兵高声念出他的名字。

“怦怦怦”，史佩拉感觉到自己的心脏剧烈地跳动着。

这时，那位指挥官转过身来。

史佩拉愣住了。

他望着面前那张熟悉的脸庞，一句问候脱口而出：“早安，米勒先生！”

米勒的脸颊快速地抽动了两下，一脸不可置信。他没有想到竟然会在这里遇到史佩拉。

望着史佩拉的脸庞，他暴戾的内心突然平静下来。然后，他脱口而出：“早安，史佩拉先生！”

接着，米勒手里的指挥棒指向了右边：“右！”

史佩拉默默地看了米勒一眼，走向了右边的队伍。

史佩拉幸运地活了下来。多年之后，他每每回忆起那个改变命运的时刻，总会庆幸地想，是一句持之以恒的问候救了自己的命。

友善的力量

谁若想在困厄时得到援助，就应在平日待人以宽。

——[伊朗]萨迪

胡佛是美国著名的试飞员。

有一次，胡佛驾驶着飞机飞往洛杉矶，就在飞机即将落地时，飞机上的两个引擎竟然同时失灵了。

胡佛迅速地平静下来，然后凭借高超的技术，奇迹般地将飞机降落在平地上。

从飞机上下来后，胡佛立刻检查飞机的状况。原来，维修工一时疏忽，误将喷气式飞机的用油加入螺旋桨飞机的油箱里。

那名粗心的维修工得知自己的失误时，吓得大哭起来。他以为自己一定会被辞退。可是，胡佛却没有责备他，他揽住维修工的肩膀，和善地说："为了证明你的能力，明天你继续帮我的飞机做维修工作吧！"

维修工非常感激胡佛，从那之后，他工作的时候总是非常认真。胡佛的飞机再也没有出过一次差错。

亲爱的小读者，你知道友善是什么吗？友善是他人遇到困难时伸出的援助之手，是别人犯错时一个宽容的微笑，是亲切的话语和温和的举止。友善就像春风，能吹化心灵的冰河。为他人送上一份友善，你在温暖别人的同时，也会被反射回来的光温暖着。

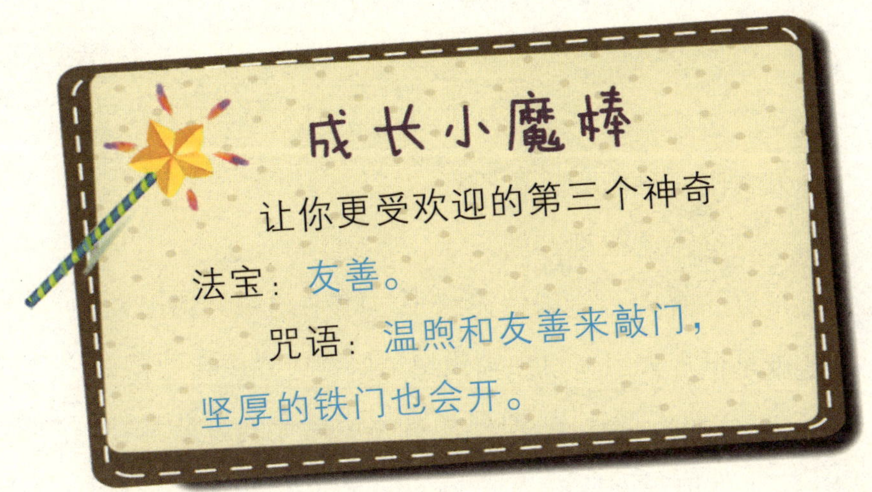

我是第一

每天卖出一辆汽车，难吗？

你一定觉得这很难办到。

可是有一个人，他居然连续十二年平均每天售出六辆小汽车。他就是世界吉尼斯汽车销售纪录保持者乔·吉拉德先生。

乔·吉拉德出身贫寒，但他却有一位伟大的母亲。她对乔·吉拉德说："你应该向所有人证明，你能够成为一个了不起的人。你要相信这一点——人都是一样的，机会对于每个人来说都是平等的。"

三十五岁那年，乔·吉拉德破产了，还欠下了高达六万美元的债。乔·吉拉德一下跌入人生的谷底，一家人流离失所，穷得连饭都吃不上。

这天，乔·吉拉德在朋友的介绍下走进了一家汽车店。

销售经理哈雷犹豫地看着眼前的这位中年男子，问："你以前卖过汽车吗？"

"没有。"乔·吉拉德如实回答。

"为什么你觉得自己能够胜任？"哈雷又问。

“我推销过其他东西——报纸、鞋油、房屋、食品，但人们真正买的是我，我推销自己，哈雷先生。”

尽管乔·吉拉德已经三十五岁了，但他相信自己工作起来并不比年轻人差。

哈雷先生笑着说：“现在正是严冬，是销售淡季，假如我雇用你，我会受到其他推销员的责难，再说我们也没有带暖气的房间给你用了。”

面对生存的威胁，乔·吉拉德再一次展现出强大的自信，他坚定地答道：“哈雷先生，假如你不雇用我，你将犯下一生最大的错误。我不要带暖气的房间，我只要一张桌子、一部电话，两个月内我保证成为公司的最佳推销员。”

就这样，乔·吉拉德赢得了这个工作机会。这天，乔·吉拉德一直工作到晚上九点，他成功地卖出了人生中的第一辆汽车。

尽管乔·吉拉德是汽车销售业的新手，但在他的字典里，从来没有“做不到”这三个字，他认为自己能在任何地方、任何时间销售汽车给任何人！

每天出门前，乔·吉拉德都会给自己打气。

“我是第一！”他自信地对自己说道。

办公室的墙上挂着公司里最佳推销员的照片，他每次都告诉自己：“我能打败他！”

乔·吉拉德的脸上总是洋溢着笑容，对每一个来咨询的客户都很热情。他有口吃，说话较慢，但他从不怯场。不管遇到什么客户，蓝领、白领或是百万富翁，他都能应付自如。他谈吐幽默，客户很喜欢跟他做生意。

为了获取更多的客源，乔·吉拉德经常和不同的人吃饭。他去火车站和人攀谈，每周去不同的理发店洗头。甚至，他在餐后付账时，还会把名片夹在账单里；在运动场上，他会把名片洒向空中……反正，只要他刚认识一个人，他就会立马把名片递过去，大方地介绍自己。

别人觉得这是一件很尴尬的事情，乔·吉拉德却不以为意。他认为推销产品就是推销自己，只有肯定自己，才能获得别人的肯定。

乔·吉拉德就是凭着这份无人能比的自信促成了一桩桩业务。三年之内，他从穷困潦倒的失败者成为世界上最伟大的推销员。

女主角

自信让人突破自我。

有一次，俄国戏剧家斯坦尼斯拉夫斯基在排演一部话剧时，女主角临时有事，不能参演了。时间紧迫，斯坦尼斯拉夫斯基找不到可替代的女主角，只好叫他的大姐来充当女主角。

可大姐并没有演戏的经验，平时只不过管管服装道具。得知自己被临时选中去演戏，她心里直发虚，认为自己肯定演不好。果然，在排演的过程中，她的表现糟透了，这让斯坦尼斯拉夫斯基非常头痛。

斯坦尼斯拉夫斯基停下排练说：“这场戏是整部剧的关键，如果女主角演得这样差，那整场戏就没必要再排了！”

大姐听了，久久没有说话。突然，她高高地抬起头说：“重来，我觉得自己可以演好，咱们继续吧！”而这回，她没有了刚才的自卑和拘谨，居然表演得非常到位。

管理道具的人可以演戏，九十高龄的老奶奶可以成为一名诗人，生活中许多看似不太可能的事情，只要我们相信自己，大胆地去尝试，往往就能收获意想不到的惊喜。如果我们老想着自己“不行”，连去做的勇气都没有，也就失去了改变生活的机会。

亲爱的小读者，自信是帮助你实现梦想的魔法师，念动咒语“我能行”，你的人生便会发生魔法般的改变！

成长小魔棒

让你更受欢迎的第四个神奇法宝：自信。

咒语：先相信自己，然后别人才会相信你。

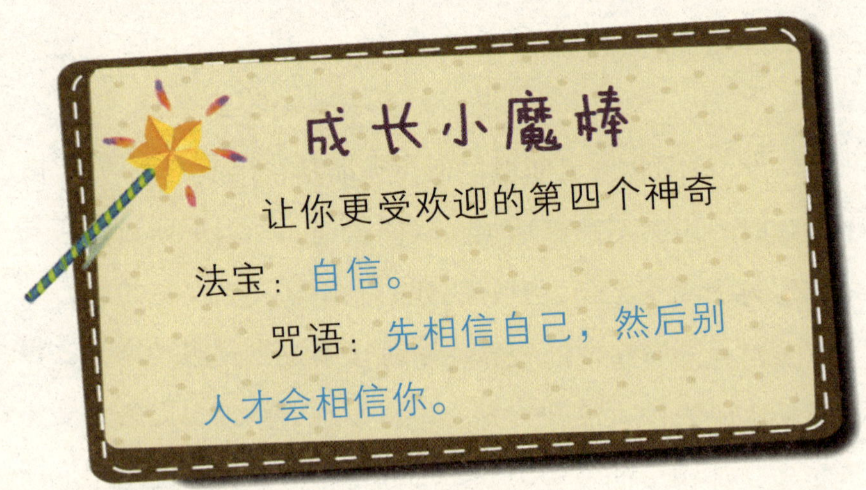

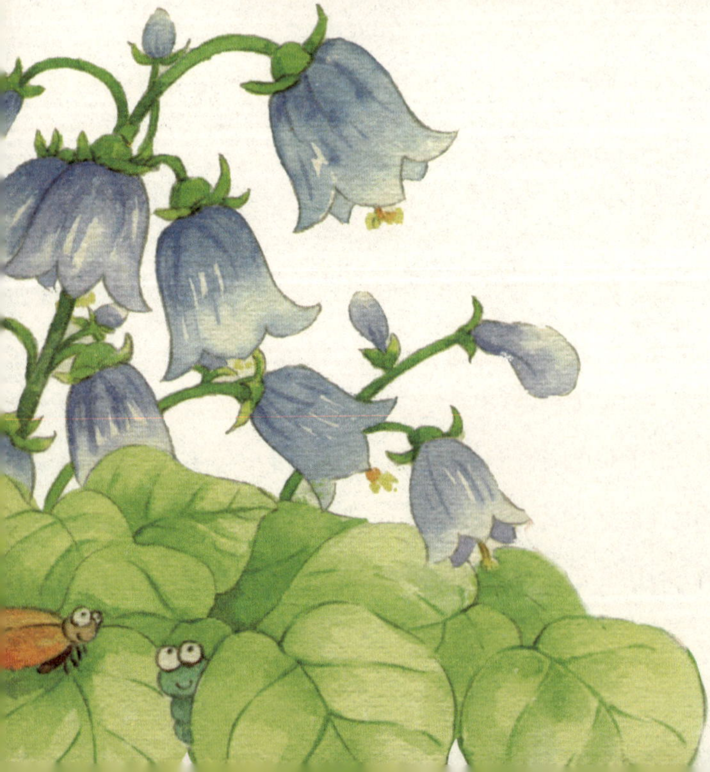

夫子的钱袋

贺羽是个穷小子，他的父亲卧病在床，全家靠母亲为别人浆洗衣物过活。

贺羽到了上私塾的年纪，可他家里根本拿不出拜师的钱。

为了得到读书的钱，贺羽不禁动起了歪脑筋。

他走到大街上，忐忑地观察着路上的行人，想要找一个适合下手的对象。

“不行，这个太壮了。”

“这个看起来非常敏捷。”

…………

他站到集市都快散了，还没有物色到合适的人选。突然，一个身形瘦削的中年男子迎面走来。

贺羽硬着头皮，冲着那个男子撞了过去，摸走了对方系在腰上的钱袋。那是一个浅蓝色的钱袋，上面还绣着一枝梅花。

第二天一大早，贺羽就急忙赶着去拜师。

他早就听说，隔壁村庄里有位姓庄的夫子，学问极好，很多人都拜庄夫子为师。

贺羽也想拜庄夫子为师，他拿着钱，敲开了庄夫子家的门。

开门的人是一个瘦瘦高高的男子，他身穿青灰色的袍子，留着一撮胡子。他看到贺羽时，脸上闪过一丝诧异的神色。

贺羽的脸一下子涨得通红，接着忍不住向后退了两步。开门的人就是昨天被他偷了钱袋的人！想不到他竟是庄夫子！

贺羽正打算拔腿逃跑时，那人却突然微笑着说："少年，你是来念书的吧？"

"他没认出我！"贺羽心想。

"对、对！"贺羽连忙说。

庄夫子把贺羽迎到屋里，收下了这个弟子。

回家后，贺羽将这个好消息告诉了父母，但隐瞒了自己偷钱的事。他骗父母说，自己在路上遇到庄夫子，夫子看自己可怜，便收自己为徒了。

贺羽每天都到庄夫子那里学习。

日子一天天过去，贺羽念书念得不错，文章写得很是精彩。

好运似乎突然降临到这个贫困的家庭，眼见儿子越来越有出息，贺羽父亲的心情也一天比一天开朗，他不仅能够下床了，渐渐地，病也竟然痊愈了。

一天，天气晴朗，贺羽的父母前去拜访庄夫子，感谢他收自己的孩子为学生。

"说来惭愧，因为我的病，家里一直没办法供贺羽念书，"贺羽的父亲脸上闪过一丝局促，"直到现在，才攒出拜师的钱。"

贺羽的父亲说着，掏出一个浅蓝色的钱袋，隐约还能看到钱袋上绣着一枝梅花。

贺羽看到这个钱袋的一瞬间，脸一下子变得通红。那天，他随手将偷来的钱袋丢在一边，没想到钱袋竟然被他的母亲捡了起来。

贺羽紧紧地闭着双眼，准备接受夫子的处置。

可是他却听见夫子说：“贺羽是个好孩子，我很欣慰。”

贺羽不可置信地瞪大了眼睛，接着，他的鼻子一酸，眼泪不争气地涌了出来。

父母离开后，贺羽重重地跪在庄夫子面前，哽咽着说：“夫子，我偷了您的钱袋，对不起！”

随后，贺羽感觉到一双温暖的手放到了自己头上，接着，耳旁响起了夫子的声音："你以前没读过书，犯了错不怪你。以后你可不能再犯错了呀！"

从那之后，贺羽越发用功读书，后来成了一位了不起的学者。

宽容的统帅

海纳百川，有容乃大。

——[清]林则徐

拿破仑是19世纪伟大的军事家、政治家。

在一次与意大利的战役中，拿破仑夜间巡岗时，发现一位哨兵靠着大树睡着了。拿破仑没有责罚这位士兵，反而走上前去，拿起枪，替这位哨兵站起岗来。

哨兵醒来后，发现拿破仑就站在自己身边，吓得脸都白了。

拿破仑却没有责怪他，反而温和地对他说："我知道，你们走了这么长的路、打了这么久的仗已经很辛苦了，可现在只要一个小疏忽就有可能打败仗。这次我正好看到，替你站了一会儿岗，请你下次一定注意啊！"

这件事在军队里传开来，将士们十分感动，更加拥戴拿破仑了。

作为最高统帅，拿破仑拥有宽广的胸怀，这使他获得了士兵的爱戴，增强了军队的凝聚力。

亲爱的小读者，宽容是一种真正的智慧，它像一束光，能够驱散人们心底的黑暗；它像一根绳索，能够拯救失足跌下悬崖的人。当你学会了以宽容之心待人，你就会发现自己更容易交到好朋友，收获好人缘。

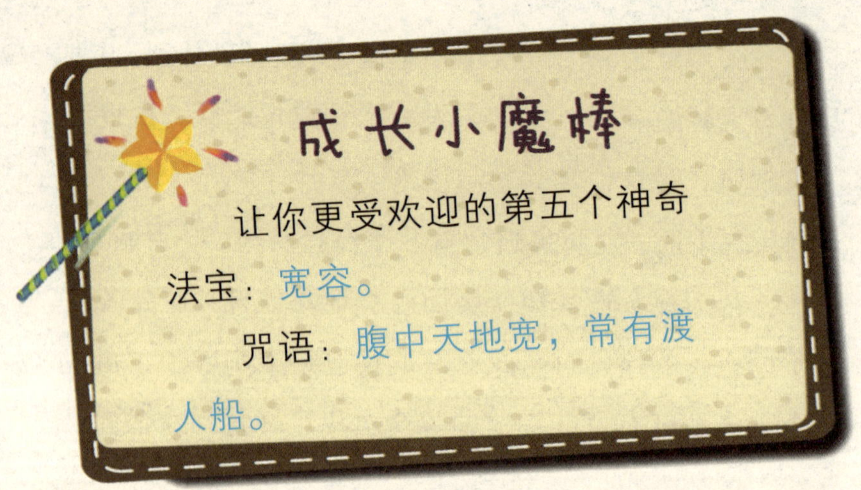

海鸥的报答

小镇依山傍海，风光旖旎。镇上的居民靠捕鱼为生。这里出产的海鲜品种丰富，味道鲜美，很多游客都选择来这里度假，一边欣赏海景，一边享受美食。

旅游业蒸蒸日上，镇上居民的钱包也跟着鼓起来。旅游旺季时，他们在沙滩上摆摊叫卖刚捕捞上来的海鲜。来买海鲜的游客很多，渔民们的生意非常红火，能赚很多钱。

可是，好日子没过多久，渔民们就碰上了大麻烦。镇上的海鸥也来光顾渔民们的摊子了。与游客不同的是，这群长着翅膀的“强盗”可不会付钱。

趁着渔民们不注意，它们敏捷地从半空中俯冲而下，迅速从摊子上叼走鱼。它们很刁钻，专抢那些珍贵的鳕鱼、鲑鱼，而且每次都是团伙作案，给渔民们造成了很大的损失。

渔民们实在忍受不了那些狡猾的海鸥了，他们采取了暴力的办法——捕杀海鸥。沙滩上响起了海鸥凄厉的惨叫，海鸥的血在金黄的沙滩上留下一道道刺眼的红色。渔民们的暴力措施取得了成效，镇上的海鸥越来越少，剩下的海鸥也不敢去鱼摊上抢鱼了。

只有一位叫希达的渔民没有这样做，他没有驱赶海鸥，更没有杀死它们。相反，善良的希达认为，鱼是大海的馈赠，海鸥也应该得到属于它们的食物。他慷慨地拿出一些鱼喂给海鸥吃，海鸥十分喜欢希达，每次希达出摊，海鸥都围绕在希达身旁。

这些海鸥也十分懂事，它们只吃希达给它们的那份鱼，不会从他的摊子上偷鱼。

其他渔民对希达的做法十分不解，他们嘲笑他说："傻子一个！那些海鸥会把他吃穷的！"

希达并没有理会渔民们的嘲笑，依然每天坚持给自己摊子旁的那群海鸥喂鱼，力所能及地保护镇上为数不多的海鸥。

让那些嘲笑希达的渔民们意想不到的是，他们的生意并没有因为海鸥的离去而好转。现在，他们的鱼摊基本没有顾客光顾，生意一天不如一天。

他们眼中的那个傻子——希达，他的生意反而变得异常红火。每天都有很多游客带着孩子来他的摊子前买海鲜，他们喜欢围在希达摊子旁的那群海鸥。游客们一边挑选海鲜，一边和海鸥合影，场面十分融洽。

原来，小镇最吸引游客的一点就是这里有很多海鸥，那些残忍的渔民赶跑了海鸥，也赶跑了自己的生意。希达的无心之举却为自己招揽来了顾客，这正是海鸥对其慷慨的回报。

指囷相赠

慷慨的人如同太阳，在别人的世界里发光发热。

鲁肃是三国时期著名的战略家、外交家，他财产丰厚，为人慷慨。

周瑜听闻鲁肃的名声已久，便上门去拜访鲁肃。一阵寒暄过后，周瑜向鲁肃说出了自己登门拜访的目的。

周瑜说：“我军中缺粮，鲁兄你可以资助我一些粮食吗？”

初见之下，鲁肃觉得周瑜气度不凡，是个成大器之人。于是，鲁肃带着周瑜来到自家后院，命人打开粮仓。

“这里有两囷米。一囷有三千石，你需要多少取多少。”鲁肃大方地指着一囷米说。

周瑜没想到鲁肃竟如此慷慨，他十分感动。日后二人往来频繁，结为知己。

后来，人们用“指囷相赠”这个典故

来称赞慷慨热情的美德。

一个小气的人是很难交到朋友的，因为他总是在计较和索取。慷慨的人往往能理解别人的困境，肯为别人着想，也愿意付出，这样的人就像太阳一样，温暖又贴心，让人很希望跟他做朋友。亲爱的小读者，愿你也能做一个小太阳，在温暖和照亮别人的同时，你也会收获许多友情与快乐。

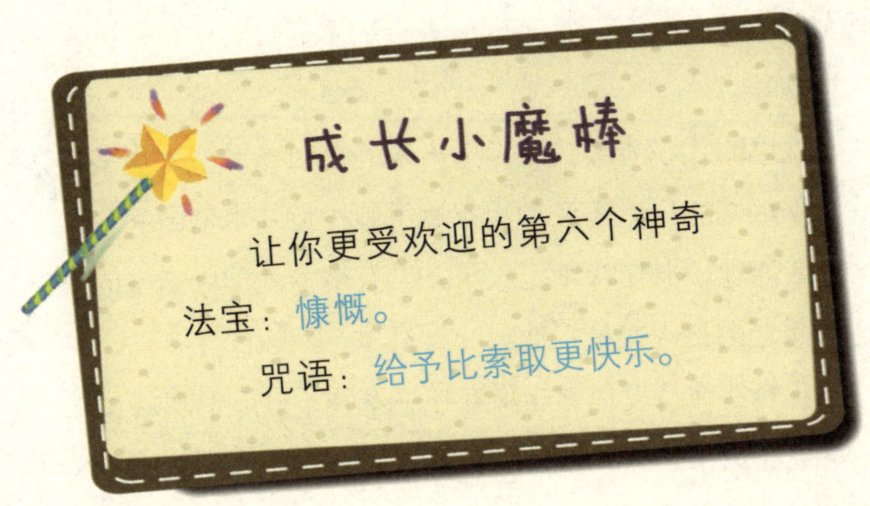

南北寺庙

桃源镇上的南北方位各有一座寺庙。

南寺庙里有一口水井。老住持每天都会让小和尚们提上几桶井水，烧几壶茶，把茶水放在寺庙里显眼的位置，供香客们免费饮用。

这里的井水清澈甘甜，煮出来的茶回味无穷，许多香客喝完免费的茶水后，还经常用空瓶子装一点井水带回家。

渐渐地，老住持年纪大了，没有精力处理寺庙里的事务。一个年轻的僧人接替了他。

年轻的住持发现寺庙里存在一个“不妙”的现象。

他看出来了，许多人来寺庙并不是为了上香，而是为了喝免费的茶水！那些人来到寺庙里，往石桌边上一坐，喝喝茶，聊聊天，走的时候还装一瓶井水带回家。这哪里是来上香的？分明是为了占便宜！

于是，年轻的住持决定，不再供应免费的茶水。

取消免费的茶水供应后，那些之前来喝茶聊天的人果然不来了。庙里的人流量也随之减少。

一开始，年轻的住持并没有将这个现象放在心上，他认为，那些占小便宜的游人走了，留下的都是来上香的人。

可是两个月过去了，庙里的人流量还在不断减少。现在，每天只有寥寥几个香客来庙里上香。

这是怎么回事呢？其他香客为什么不见了？

年轻的住持急忙跑去向老住持请教。

“到北寺庙里看看吧。”老住持意味深长地说。

年轻的住持疑惑不解，但他还是听了老住持的话，来到了北寺庙。

北寺庙里的香火十分旺盛，游人如织。想想自己寺庙里冷清的状况，年轻的住持不由得叹了口气。

他在几个大殿周围转了转，没有什么发现，便继续往前走。拐过一面墙后，他的眼前出现了一片桃树林。

桃树林里有许多游人，他们成群结队地在桃树下游玩嬉戏。这时恰好赶上桃子成熟，桃树上挂满了桃子。年轻的住持走进桃树林，看到几个僧人在树下摘桃子。

桃树下摆着几张石桌，石桌上还摆着新鲜的桃子。那些桃子个个又大又红，散发出阵阵果香。

一些游人正在吃桃子，吃完后，他们便将桃核扔到一个大竹筐里。

走近一看，竹筐上写着几个大字：桃核收集处。

有个游人吃完桃子后，舔舔嘴唇，忍不住问旁边的僧人：

"你们这里的桃子太好吃了，我能讨一些树苗吗？"

僧人停下了手里的活，指着装了半筐桃核的竹筐，微笑着说："过一段时间，这些桃核就会变成桃树苗，到时候您可以过来移植几棵。"

僧人说着，仔细地向游人讲解起桃子的种植养护技巧。

僧人讲得认真，游人也听得认真。两人的脸上挂着惬意的微笑，似乎各有所得。

年轻的住持望着这一幕，若有所思。

他回到南寺庙后，不仅恢复了免费茶水的供应，还在寺庙的门口设置了一个免费茶水供应处，供路过的行人饮用。

慢慢地，南寺庙的香火又重新旺盛了起来。

分享的力量

学会了分享，就学会了爱，也就得到了爱。

有人说：“分享犹如一座天平，你给予它的多，它回报你的也就多。”

年轻的住持恢复了免费茶水供应后，香客又陆续归来，南寺庙终于恢复了往日的景象。

分享的力量真是太奇妙了。

妈妈送给小磊一套冒险故事书。这套书真是太有趣了，小磊忍不住把书带到学校里，一下课就迫不及待地拿起书来看。

班上的同学心痒痒的，都想借来看看，小磊不愿意了，他才舍不得呢。

有一天，小磊看到几个同学围在一起，叽叽喳喳地不知在说什么有趣的事。

小磊凑上前一看，原来，同学李桦也买了一套同样的书。不同的是，李桦大方地把书拿出来和大家一起看，这不，同学们正开心地讨论书里的情节呢。

大家看到小磊，讨论的声音一下子消失了。他们你看看我，我看看你，又继续说笑起来，仿佛没看见他一样。

小磊脸红了，他低着头，匆匆回到自己的座位上。当他掏出课桌里的故事书准备继续看时，不知为什么，却一个字也读不进去，书中的故事似乎变得没那么精彩了。

小磊的书真的变了吗？如果你是小磊的同学，更愿意和谁交朋友呢？

我相信你的内心一定有了答案。

亲爱的小读者，分享是一种美好的品质，学会分享，就学会了爱，也得到了爱。当你学会了分享，就拥有了获得好人缘的秘诀。

如果你有好玩、好吃的东西，愿意分享给周围的人吗？

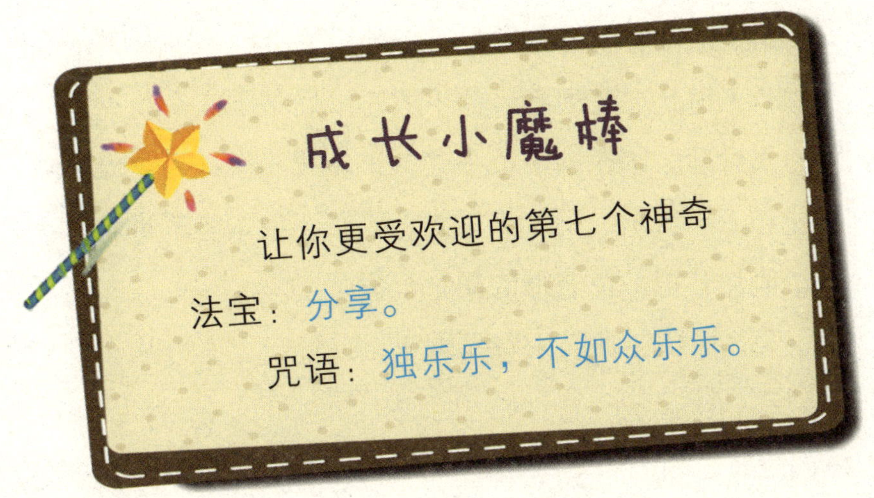

“等不了王子”

从前有位王子，他的性情十分急躁。

他喝汤的时候，不等汤凉透就喝下滚烫的汤，结果烫得满嘴是泡；他看书的时候，才翻到第二页就觉得字数太多看不下去；他带兵打仗的时候，不能耐心等待最佳时机，总是贸然进攻……

人们给这位心急的王子起了个外号——“等不了王子”。

老国王为此很是烦心，他不放心以后把国家交给这样一个急躁的人管理。国王请了很多老师来教导王子，可是没有哪个老师能和王子待上一天。王子太急躁了，根本听不进教导。有一次，他甚至把一位老师的胡子全拔了。

一天，一位巫师前来觐见国王，他说自己有办法让王子变得有耐心。

国王叹了口气，不抱希望地对巫师说：“那你就试试吧。”

此时，王子正在湖边钓鱼，因为国王说钓鱼可以让人变得有耐心。

没等片刻，王子就开始不耐烦了。鱼钩钩到了水草，他用蛮力使劲一拽，鱼钩甩了过来，鱼钩上钩着的水草和破鞋子“啪”地甩到了王子的脸上，甚至还有一只小癞蛤蟆跳到了他的头顶上。

“父王在骗我，钓鱼才不会让我变得有耐心，只会让我变得更烦躁！”王子生气地大叫道。

一个声音从王子的身后传来：“王子殿下，让我来帮帮你吧。”

正是那位巫师，他来到王子面前，对着王子一挥手。

王子惊恐地发现自己的身体越来越小，最后竟变成了一颗水滴。

“我把你变成了一颗魔法水滴，放心，你不会干涸的，等你把湖边的这块石头凿出一个洞，我就把你变回来。”巫师说。

“我只是一颗水滴，怎么能在石头上凿出洞呢？你这个恶毒的巫师，快把我变回来！”王子焦急地大叫道。

巫师没有理会王子的叫声，扭头就离开了。

王子绝望地在石头上滚来滚去，觉得自己永远都不可能变回去了。他在原地咒骂着，度日如年。

一天，一只小蚂蚁爬上这块石头，王子急忙问道：“蚂蚁，你知道我怎么才能在石头上凿出洞吗？”

“我们蚂蚁干什么都是一步一步的，地下那么宏伟的蚂蚁宫殿也是我们一点一点挖出来的。要想做成什么事情，不过是靠着一步一步、一点一滴的耐心和坚持。”蚂蚁说。

“一点一滴！”王子的眼睛亮了。

水滴虽然柔弱，但是只要自己一直在同一个地方蹦跳，总有一天，石头也会被凿出洞来。

于是，他瞄准石头上的一个小点，一次又一次地蹦跳着……

他不知道蹦跳了多少次，石头上终于出现了一个绿豆般大小的小孔。

巫师出现了。

“这样总可以了吧？”王子对巫师说。

“还不够，你要把石头凿穿才行。”巫师回答。

“这要到猴年马月啊！快把我变回去！”王子命令道。

“你要是没这点耐心，就永远当水滴吧。”

说完，巫师拂袖而去。

王子当然不想永远变成水滴，他继续在石头上蹦跳着。他感觉自己这颗柔软的水滴似乎正在慢慢变得坚硬，仿佛变成了一把凿子，一次次地砸向石头。

等到第三百六十五天的时候，石头终于被凿穿了，王子在那一瞬间也恢复了原形。

这会儿，他正拿着钓竿在钓鱼，之前发生的一切仿佛一场梦。

“今天，我要钓上满满一筐鱼给父王吃。”王子说。

巫师露出了满意的笑容：“我相信你会的。”

福楼拜的教诲

耐心是一切聪明才智的基础。

——[古希腊]柏拉图

著名作家莫泊桑被称为“短篇小说之王”，但是，你知道吗？他到三十岁时，一篇作品都没有发表呢。

而立之年的莫泊桑开始自我怀疑了，他丧失了写作的耐心，开始变得浮躁起来。他甚至还想弃文从商。

他的姐姐说他没有耐心，建议他去拜访福楼拜。

福楼拜当时已经是很有名的大作家了，但他丝毫没有摆架子，而是和善地迎接了无名小卒莫泊桑。听了莫泊桑的困扰后，福楼拜说：“当初我跟你一样，也动过弃文的念头，可是我还是坚持下来了。耐心是最重要的东西。”

听了福楼拜的话，莫泊桑若有所思地点了点头。回去后，莫泊桑继续坚持写作。终于，《羊脂球》问世了，受到评论界的一致好评。后来，莫泊桑一直坚持写作，一生写了三百多篇短篇小说。

亲爱的小读者，耐心是一个人不可缺少的重要品质。有耐心的人不仅可以在追梦的道路上永不言弃，还能在与人相处时游刃有余。在追梦的道路上，我们要耐心坚持，不轻易放弃；

在与人相处时付出一份耐心，你更能品味出友谊的香醇。

耐心，是一种修炼。有耐心的人，往往能拥有更多的美好。

成长小魔棒

让你更受欢迎的第八个神奇法宝：耐心。

咒语：常常是最后一把钥匙开了门。

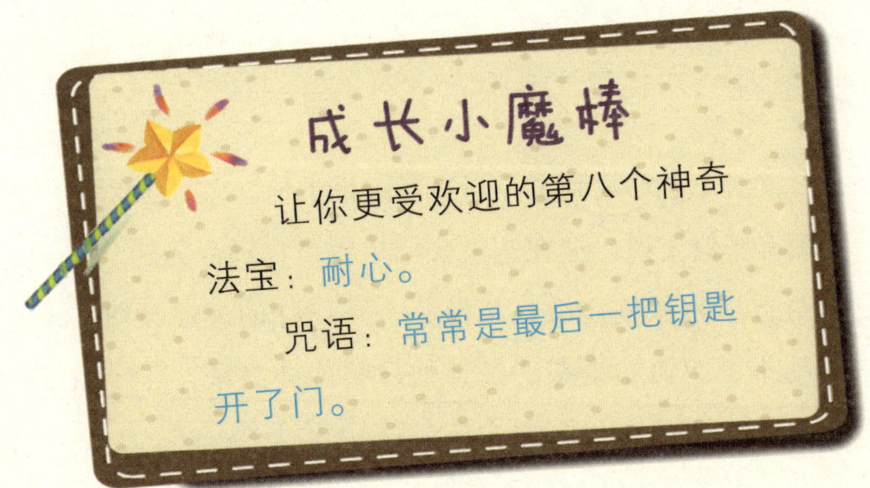

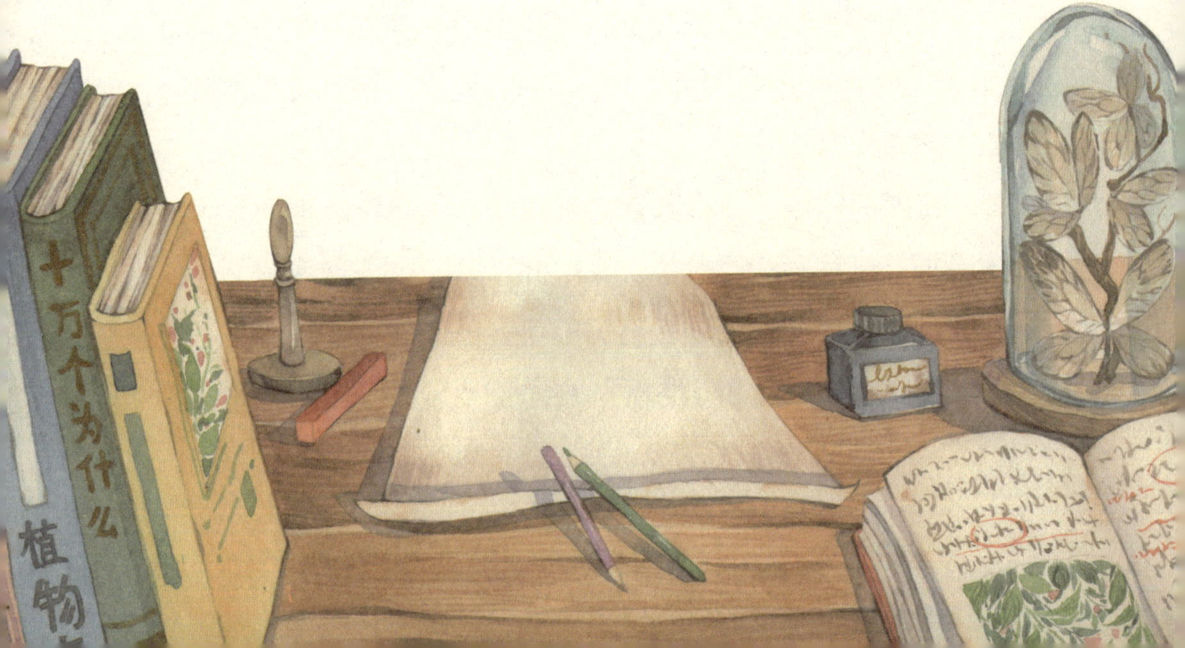

对香草冰激凌过敏的车

一家汽车公司收到了一封奇怪的投诉信。

顾客在信上说，他在这家公司买到了一辆奇怪的汽车，它居然对香草冰激凌过敏！当他买香草口味的冰激凌时，车子就发动不了。但如果买的是其他口味的冰激凌，车子就能顺利发动。

售后人员读着这封“奇葩”的信，觉得这位车主是在无理取闹。有人嘲笑道：“我看不是车子出了问题，是他的脑子出了问题。”

总经理也觉得这封信很奇怪，但他并没有对此一笑而过。他专门找了一位细心严谨的工程师去调查这辆对香草冰激凌过敏的汽车。

傍晚的时候，工程师前去拜访了那位写投诉信的车主，这次会面让工程师大吃一惊。车主并不是一个无理取闹之人，相反，他是一个受过高等教育、事业有成的人。

工程师提出想和车主开车去冰激凌店买冰激凌，车主欣然同意。他们来到冰激凌店，买了香草口味的冰激凌，当他们回到车上时，车子就像车主所说的那样，根本发动不了。

工程师感到奇怪极了。他为了验证这件事，又连续来了三个晚上，做了三次实验。第一晚，他们买了巧克力冰激凌，车子顺利发动；第二晚，他们买了草莓冰激凌，车子同样顺利发动；第三晚，当他们又买了香草冰激凌时，车子再一次罢工了！

现在，工程师理解车主的投诉了，车主确实没有说谎。

“看吧，它就是对香草冰激凌过敏！”车主无奈地说。

工程师皱着眉头，显然，他并不相信车子对香草冰激凌过敏这件荒唐事。他觉得，一定是有什么他没注意到的隐蔽的细节，正是这些细节才导致了这件荒唐事的发生。

于是，他不厌其烦地继续进行着实验，记录各种详细的数据，比如车子行驶的路线、

所加汽油的类别，行驶的时间等等……通过分析这些数据，他得出了一个重要的结论：相比其他口味的冰激凌，买香草冰激凌用的时间更少。

为什么买香草冰激凌用的时间更少呢？工程师在那家车主常去的冰激凌店里找到了答案。

原来，香草冰激凌是最畅销的口味，为了方便拿取，店家将香草冰激凌放在单独的冰柜里，并将冰柜放置在店铺的前面，其他口味的冰激凌则放在后面。

车主买香草冰激凌花的时间比较短，那么汽车从熄火到重新启动的时间也就比较短。这对汽车发动有什么影响呢？

工程师检查汽车后，发现问题出在发动机那个小小的散热装置上。原来，汽车的散热装置存在缺陷。当买香草冰激凌时，用的时间较短，散热装置没有足够的时间散热，发动机因此不能正常启动。

工程师向公司反映了这个问题，公司改进了汽车的散热装置，圆满地解决了汽车对香草冰激凌“过敏”的问题。

公司表扬了这位细心的工程师，正是因为他细致严谨的工作态度，才让公司实现了技术上的革新。

卖鸡蛋的技巧

魔鬼藏在细节中。

摩根财团是美国十大财团之一，摩根是其创始人。

摩根年轻时只是个杂货店店主，每当他外出进货时，他的妻子就帮他看店。

时间久了，细心的摩根发现了一个奇怪的现象：每次妻子看店时，卖出的鸡蛋总是比自己看店时多很多。摩根百思不得其解，同样的鸡蛋，为什么妻子卖出的就多呢？

一天，一位经常来买鸡蛋的顾客对摩根说：“你卖的鸡蛋都比你妻子卖的小。”

摩根感觉奇怪极了，他家卖的鸡蛋都是从一个养鸡场进的，大小差不多，为什么顾客会说自己卖的鸡蛋小呢？

于是，他在妻子卖鸡蛋时仔细观察，终于找出了原因。

原来，妻子的手小，一次只能拿一两个鸡蛋，显得鸡蛋比较大。而他的手大，一次拿起的鸡蛋比较多，显得鸡蛋比较小。所以，顾客产生了一种错觉，觉得妻子卖的鸡蛋比较大。

从这之后，摩根让妻子负责卖鸡蛋。他还想出了一个绝妙的主意——把鸡蛋放在小托盘里出售，此法效果绝佳，鸡蛋的销量因此翻倍。

亲爱的小读者，你从这个故事中得到了什么启示呢？

在生活中，我们一定要做个细心、善于观察的人。有时候，你付出了很多努力去做一件事情，却总是功亏一篑，那是因为你太粗心啦。就像做一道数学题，你明明知道解题方法，却总是在计算时犯一些低级错误，导致前功尽弃，最后这题只能得零分。

同样，在与人相处的过程中，如果你细致体贴，照顾他人的感受，你会更受欢迎。

细心的习惯不是一朝一夕就能养成的，你要时刻提醒自己：细心，细心，再细心！

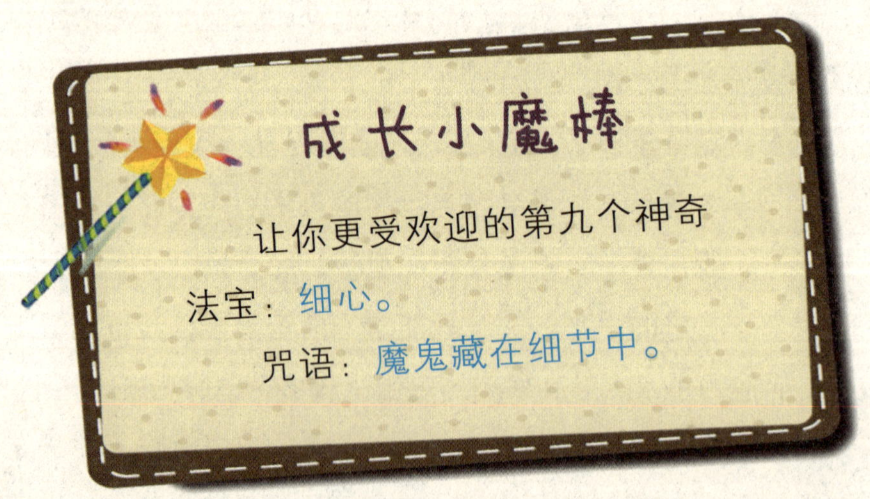

价值百万美金的微笑

从外表来看，日本“保险推销之神”原一平是个极为普通的男人，他的身高只有一米四五，在人群中很不显眼，但他的笑却让人印象深刻，甚至被评为“价值百万美金的微笑”！

原一平在将近三十岁时才进入保险行业。因为保险推销员这项职业对外貌有一定要求，而原一平身材瘦小，其貌不扬，似乎让人提不起与之交谈的欲望，所以一开始他在公司并不被重视。

原一平虽然没有做推销员的先天优势，但他的心态一直积极乐观，从来没有产生过自暴自弃的念头。

他曾说：“生活虽然向我露出狰狞的面孔，我依然用微笑对付它，因为我始终坚信，生命的天空总会有晴朗的一天。”

他觉得，做推销员最重要的不是相貌，而是精神面貌。微笑是人与人之间沟通的桥梁，如果自己对顾客露出发自内心的微笑，那么顾客就会乐于和自己交谈。

为了使自己的微笑看起来更自然，原一平开始练习微笑。他找了一面能照出全身的大镜子，每天利用空闲时间，不分昼夜地练习微笑。他假设各种场合与心理，自己面对着镜子，练习各种微笑时的面部表情。

经过一段时间的练习，他发现一些微笑的技巧。嘴唇的闭与合，眉毛的上扬与下垂，皱纹的伸与缩，这些表情都能表达出不同的含意，都会影响“笑”的效果。

原一平练习微笑简直到了“走火入魔”的程度。有一次，他在马路上练习大笑，还被路人误以为是精神病人呢！

终于，经过长期的练习之后，原一平可以用微笑感染客户，让对方也露出笑容。他见客户时，一定会设法把对方逗笑，然后自己也跟着笑。当两个人都面带笑容时，隔阂就会消失，更有利于进行进一步的交流，生意也就很快谈成了。

他以自己独特的推销术连年取得全国最佳的推销业绩，被销售界尊称为“推销之神”。

微笑的力量

微笑是一种奇怪的电波，它会使别人在不知不觉中认同你。

安德鲁·卡耐基是卡耐基钢铁公司的创始人，人称“钢铁大王”。

在一次宴会上，卡耐基听到一个商人在背后说自己的坏话。那人平时就对卡耐基有意见，经常发表对卡耐基不利的言论。

卡耐基在人群中静静地看着那个商人，脸上并没有表现出任何不悦的神情，相反地，他的脸上挂着微笑，安静地听这个商人“高谈阔论”。

那个商人说完之后，转身看到了卡耐基，神色十分尴尬，他灰溜溜地钻进人群，打算溜走。没想到卡耐基竟然对他露出了微笑，还走过来跟他握手，好像根本不在意商人说过自己的坏话。

商人被卡耐基真诚的微笑打动了，对自己之前的行为感到十分羞愧。后来，卡耐基和商人成了很好的朋友。

卡耐基曾说：“微笑是一种奇怪的电波，它会使别人在不知不觉中认同你。”

是啊，比起争辩，微笑更能说服别人。它是一种无形却有力的力量，能拉近心与心的距离。

亲爱的小读者，微笑是个很容易就能做出的表情，但它的影响力却是惊人的！你可以用微笑去抚慰一颗受伤的心灵，用微笑去化解一场激烈的冲突，用微笑去说服一个固执冷漠的人……你投之以微笑，别人会报之以更甜的微笑哦。

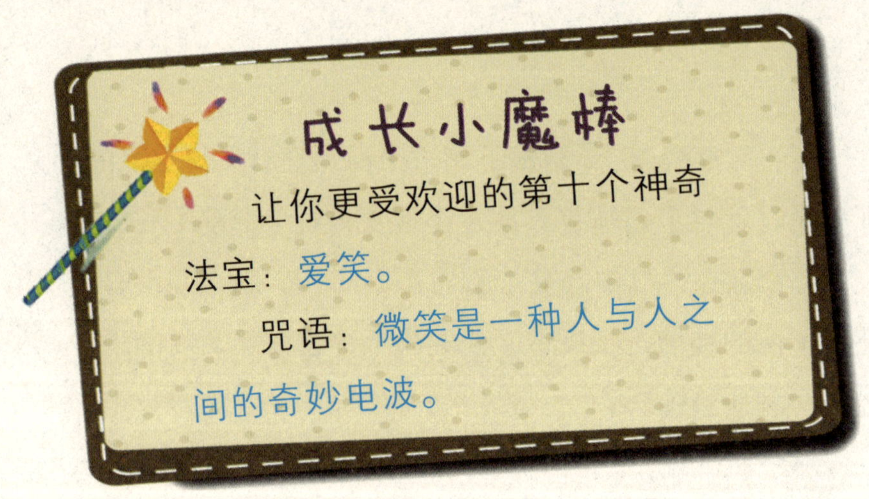

世界塑料大王

他是台湾家喻户晓的传奇人物，他是世界著名的华人三大富豪之一，他的名字叫王永庆。从贫穷的农家子弟到身家过百亿的富豪，从一个塑料行业的门外汉到“世界塑料大王”，王永庆创造了商业史上的一个又一个奇迹。

王永庆出生于一个茶农世家，家庭收入微薄，日子过得十分艰难。为了给家里减轻负担，小学毕业后的王永庆去了嘉义务工。

刚开始，无一技之长的王永庆在一间米店打杂跑腿。每天，王永庆总是早早地来到米店，不用老板吩咐，就把米店打扫得干净整洁，粮食也摆放得井然有序。

虽然是个打杂的，王永庆却不放过一丝一毫的学习机会。工作时，他处处观察着老板的一举一动，学习老板的生意经，遇到不懂的，就主动向店里的伙计讨教。

不到一年，王永庆就掌握了经营米店的秘诀，他决定开一家自己的米店。

当时的米市竞争非常激烈，王永庆的米店地处偏僻，规模又小，生意冷清极了。面对眼前的困难，王永庆没有退缩，而是积极想办法。

他发现所有米店卖的都是混着沙粒和米糠的米，心想：要是自己店里的米很干净，是不是会赢得顾客呢？

说干就干，王永庆连夜将店里的米仔细过筛，又将米里面的杂质一点点地挑了出来，第二天来的顾客们买到的都是干净的大米。就这样，一段时间后，镇上的人开始争相夸赞王永庆家的米质量好。

他还主动为那些年迈体弱的顾客送米上门，并免费为他们清洗米缸。送米时，如果遇到顾客家的米缸还有陈米，他总是将陈米倒出，放入新米后再把陈米铺上，以免陈米久存而变质。

王永庆的口碑越来越好，他的米店生意也越做越大。他靠着这种积极肯干的服务精神，赚到了人生中的第一桶金。

面对激烈的市场竞争，王永庆总是积极地寻找新的生意路子。当米市生意萧条时，王永庆又抢先干起了建筑业。当他在建筑业赚得盆满钵满时，他又瞄准了塑胶产业。

王永庆的每一次主动出击，都为他赢得了商业上的先机。

20 世纪 50 年代，商人们都认为投资塑胶业没前途，王永庆却表示愿意投资塑胶业。他对市场做了一番深入的调查，又先后向多位知名企业家请教。最终，他得出了结论：塑胶业在台湾有良好的发展契机，因为台湾有大量用来制作塑胶粉的可回收资源。

正是王永庆的这一决定，让他一跃成为世界上最大的 PVC 塑胶粉粒生产商，走上了事业的巅峰。

美国钢铁大王卡耐基曾说过：“有两种人注定一事无成，一种是决不会主动做事的人；另外一种则是别人要他做，他也做不好的人。”而王永庆在商业上的辉煌成就，全藏在他积极做事的创业态度里。

浩浩的烦恼

积极主动的人会拥有灿烂的未来。

故事中的王永庆从一个店小二摇身变成了商业界的大咖，他积极的人生态度在其中起了多大的作用呀！

曾经有一个叫浩浩的小男孩给我写信说："晓玲叮当姐姐，我觉得自己真是太太太失败了！昨天的语文课上，轮到我给同学们讲一个小故事，可我却讲得结结巴巴的，好丢脸啊！我觉得自己什么都做不好，学习成绩不好，不擅长交朋友……我该怎么办呢？"

浩浩的烦恼你也有吗？其实，魔法姐姐告诉你，解决这一切烦恼的办法就是四个字：积极行动！

每个人心里都装着很多很多的烦恼，如果不行动，烦恼永远都在那里。只有想办法解决它们，才能让烦恼消失不见。

如果你为学习成绩而烦恼，你可以每天多花些时间在功课上，还可以想办法提高学习效率，比如，上课专心听讲，多做笔记，遇到不懂的就及时问老师，等等，说不定你还能整理出一套独特的学习方法呢。

如果你为自己没朋友而烦恼，不妨试着主动和大家打招呼，多参加课外活动……

经过一段时间，慢慢地，你会发现自己的学习成绩提高了，朋友也越来越多了，这都是积极行动结下的果实。

亲爱的小读者，积极的力量充满了神奇的魔力。魔法姐姐希望你从现在开始，无论遇到什么困难，都能微笑着去面对，积极地想办法解决。有句话说得好，“办法总比困难多”，拥有乐观积极的心态，你就会打败困难，而不是被困难打败。

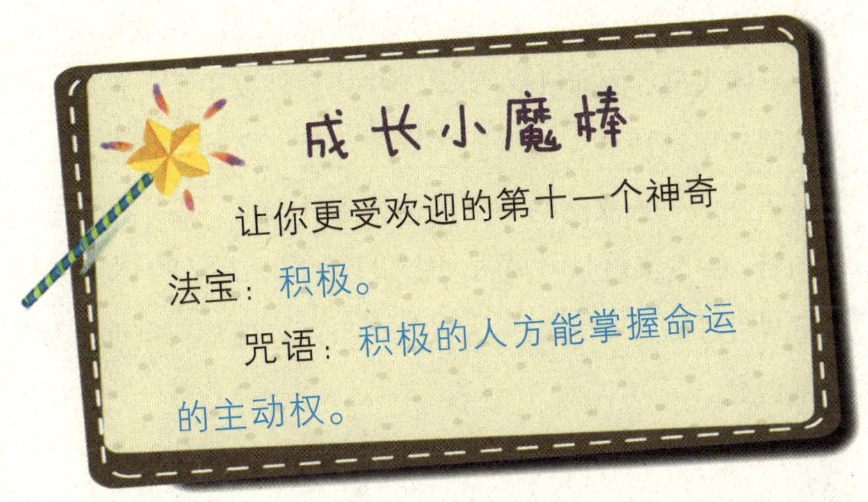

成长小魔棒

让你更受欢迎的第十一个神奇法宝：积极。

咒语：积极的人方能掌握命运的主动权。

断臂王子

有个可爱的北京小男孩，他很喜欢踢足球，九岁就成为少年足球俱乐部里响当当的队长。他的梦想是成为职业足球运动员。

天不遂人愿，在他十岁那年，一场意外发生了。他在玩耍时不幸碰到了高压线，双臂肌肉因此坏死，必须进行截肢。

刚开始，失去双臂的小男孩情绪十分低落，每天什么事情也不想做，一发呆就是一整天。父母十分担心儿子的心理状况，他们开导儿子说，你和正常人没什么不同，他们能做的，你同样也能做到。

男孩的眼睛一下子亮了起来，心中燃起了希望。他开始学着用双脚代替双手，学着用脚洗脸、刷牙、拿笔……半年后，他终于可以熟练地使用双脚去应付日常生活了。不仅如此，他的成绩也没有因为失去双臂而下滑，他回校学习后，依然取得了全班前三名的好成绩。

后来，他还学会了游泳，进了市游泳队。训练的时候，他是最努力的学员，训练时间比别人长，训练强度比别人大。功夫不负有心人，男孩在全国残疾人游泳锦标赛中陆续斩获了好几枚金银牌，他甚至还给自己定下了一个更大的目标——在残奥会上拿一枚金牌。

就在他全力备战奥运会时，命运又和他开了一个天大的玩笑。高强度的训练导致他的免疫力下降，他不幸患上了过敏性紫癜。医生让男孩立刻停止训练，好好休养。

原本清晰的人生规划被命运贴上了一个“此路不通”的标签，换作别人一定受不了这个打击，可是男孩并没有因此消沉，此路不通，便踏上人生的另一条路吧。

音乐就在这个时候占据了他的心灵。高三那年，男孩对钢琴产生了浓厚的兴趣。他买来厚厚一沓乐理书，每天埋头苦读。

为了能学到更专业的知识，男孩找到一家私立音乐学院，想跟老师学钢琴。

校长摇了摇头说：“你没有手，怎么弹钢琴？”

这句话刺痛了男孩的心，男孩暗暗下了决心，一定要学好钢琴，而且要学出高水平！

家人这时候给了他很大的鼓励。母亲对男孩说：“儿子，别人家的孩子能用手弹钢琴，你可以用脚弹钢琴。”

男孩开始了艰难的练琴之路。用脚弹钢琴的难度比用手弹大很多，并且方式也不一样。男孩慢慢地摸索着“趾法”。他每天要弹七个多小时的钢琴，一天下来，他的双腿发麻、肿痛。男孩咬着牙坚持着，脚指头被琴键磨破也不停止练习，汗水从脸颊流下也没空擦拭。

终于，男孩领悟了用脚弹琴的精髓，一段段动人的音乐从黑白琴键上流淌而出，乐声让人感受到无限的希望。后来，他加入了艺术团，开始音乐创作。

男孩的励志故事引起了电视台的关注，他受邀参加了很多电视节目的拍摄，用自己的故事鼓舞了许许多多的人。

在一次节目中，高晓松问他：“你弹得这么好，这一切是怎么做到的？”

男孩平静地回答：“我的人生中只有两条路，要么赶紧去死，要么精彩地活着。是‘精彩地活着’这个信念支撑我走到今天。”

男孩就是那个被称作“断臂王子”的刘伟，他从一个普普通通的小男孩，终于成长为一个了不起的“王子”。他成为“年度感动中国人物”，颁奖词是这样的：“当命运的绳索无情地缚住双臂，当别人的目光叹息生命的悲哀，他依然固执地为梦想插上翅膀，用双脚在琴键上写下‘相信自己’。那变幻的旋律，正是他努力飞翔的轨迹。”

永不言弃

生活就像海洋，意志坚强的人才能到达彼岸。

刘伟的故事感动了十四亿中国人。命运扼住了他的咽喉，他却从未屈服于命运，而是用他的双脚“谱写”了一部激昂的命运交响曲。

失去双臂、病痛缠身，要是换作一般人，早就自怨自艾了吧。刘伟坚毅的性格让他注定不是寻常人，他相信人生的路有无数条，一条路堵住了，总有另一条路畅通。

人生就像爬山，当你在山脚下看不见风景时，不要丧气，继续向上攀爬吧！当你坚持爬到山的最高处，就会发现“无限

风光在险峰”。相信聪明的你一定明白了，你所在的高度对应着你的心境，心境不同，看到的风景也不同。能坚持攀爬到山顶的人，一定是意志坚强的人。

亲爱的小读者，生活中有很多要去挑战的难关，拥有了像刘伟那般坚强的意志，才能一次次披荆斩棘，最终到达幸福的彼岸。无论今天多么糟糕，你都要坚信，明天会充满阳光。

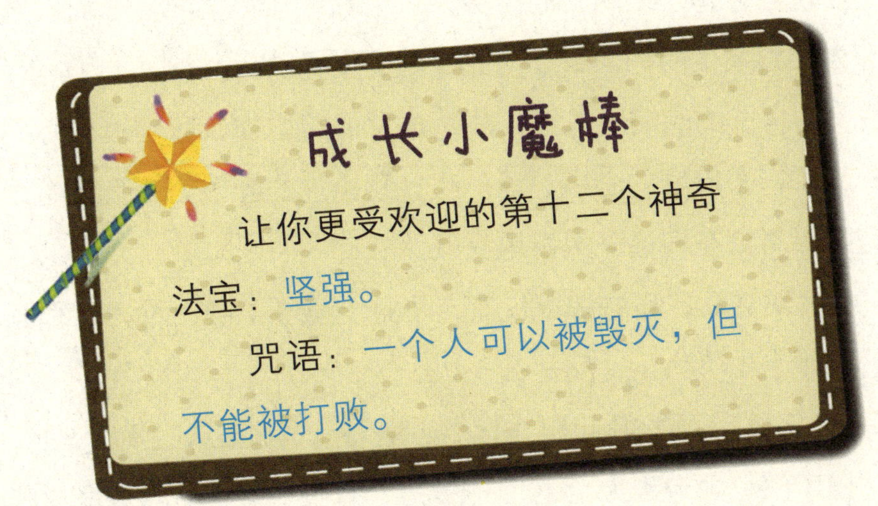

盲姑娘的世界

在城郊一个静悄悄的角落里，有一座老房子。

老房子蜷缩在胡同的尽头，一位姑娘住在里面。一场大病夺去了姑娘美丽的双眼，从此，她的世界漆黑一片。

老房子的院墙上长满了成片成片的爬山虎，盲姑娘的心头长满了密密麻麻的心事。风一吹，爬山虎的叶子就簌簌地响，盲姑娘斜倚在门边一声声地叹气。

失明之后，盲姑娘就没有走出过老房子。噢，不，有那么一次她走出了大门，就那么一次……

那次，盲姑娘壮起胆儿，小心地向前试探着，一步，一步，走出了门。她走到大街上，突然，“嘀嘀嘀”，一阵急促的鸣笛声响起，随后传来了一个粗鲁的声音：“瞎子找死啊，快让路！”

盲姑娘心里一惊，汽车擦着她的身子过去，她踉跄着往前摔倒了，膝盖上擦破了一大块皮。盲姑娘颤抖着爬起来，她的眼眶红红的，泪珠扑簌扑簌掉了下来。她哭了，不是因为疼。那声刺耳的“瞎子”在她耳边回响着，好不容易攒起的勇气也随着那声“瞎子”而消失了。

“我就是个惹人嫌的瞎子啊！”盲姑娘伤心地想。

后来，盲姑娘再也没有出过大门。她眼中的黑暗渗进了心中，她的心里也是黑漆漆的一片，她觉得自己就是个没用的人。

一天，盲姑娘坐在门槛上，又开始叹气了。

这时，一个轻快的声音在盲姑娘耳边响起：“你好！”

“你是谁呀？”盲姑娘起身，向前摸索了几步，疑惑地问。这么偏僻的地方有谁会来呀？

只见一位年轻人走上前，看到盲姑娘，他愣了一下，解释道：“我是个音乐人，来这里采风，看到您家的爬山虎很美，就忍不住走过来了。”

“这样啊，原来我家的爬山虎那么美。”盲姑娘的眼里闪过一丝光，一瞬，那光又黯淡了下去，“只可惜我看不见。”

年轻人沉默了半晌，说道：“你愿意听听我采风的素材吗？”

盲姑娘脸上露出了好看的酒窝。“好呀！”她开心地说道。

年轻人给盲姑娘戴上耳机，盲姑娘认真地听着。听哪！松涛在森林里翻腾，黄莺在枝头啼啭，海浪在沙滩上跳舞，再仔细听，还能听见昆虫在草丛里窃窃私语，甚至她还听到了一朵花绽放的声音……

一个奇妙的世界在盲姑娘耳边诞生了，甚至她的心里已经勾勒出了一个世界，那么美，那么真实。

盲姑娘把自己听到的声音描述给年轻人听，年轻人惊讶地跳了起来，激动地说道：“哇！你竟能听出那么多声音！好多声音我要放大许多倍才听得见！”

“我很喜欢听这些声音，以后还能听到吗？”盲姑娘不好意思地说。

“当然！”年轻人答应得爽快极了。

这几个月里，年轻人白天出去采风收音，晚上就把那些大自然的声音放给盲姑娘听。盲姑娘能听出常人无法听出的声音，说出许多独特的感受，这给了年轻人很多灵感。

“你很有天赋！和我一起创作音乐吧！”年轻人的眼神里充满期待。

盲姑娘红着脸，使劲儿点了一下头。

不知不觉间，院子里的爬山虎已经从院墙爬上了房顶，那嫩绿的芽儿往上爬着，爬着，爬出了阴冷潮湿的院落，爬进了温暖明亮的阳光里。

就这样，盲姑娘和年轻人一起采风，一起收集各种各样的声音。一路上，年轻人都扶着盲姑娘，要是遇到沟沟坎坎的地方，他就背着她。

他们把大自然的声音编成音乐，那音乐极富感染力，让人内心变得纯净，饱含希望。

虽然眼睛看不见了，盲姑娘的其他感官却变得异常灵敏，她发现了一个奇妙的世界。风儿轻轻地挠着她的酒窝，花香飘进她的鼻子，啊，还有那阳光，是那么柔和、温暖，她看不见，却感受得到。

“我找到上帝为我开的窗了。”盲姑娘轻轻说道。

心态决定心情

生活里有阳光，也有阴影。有的人只看到了阴影，有的人却看到了阳光。

盲姑娘虽然眼睛看不见，但是她的其他感觉却更加敏锐了，她听到了以前从未在意过的声音，那些来自大自然的美妙的声音。生活从黑暗变得光明，从阴冷变得温暖。

如果盲姑娘一直沉浸在自己的悲伤里，她心中的世界就和她眼中的世界一样，全是黑色的了。幸运的是，年轻人的到来唤醒了她心中那个美丽的世界，她看世界的方式变了，虽然双目失明，但她却“听见”了一个奇妙的世界。

你眼中的世界取决于你的心态、你看世界的方式。你带着刻薄的眼光，满眼就是各种丑陋的东西；你带着悲戚的眼光，满眼就是无尽的黑暗。反过来，如果

你的心里充满希望，用心感受生活中的美好，你眼中的世界就是美的，你的心也会变得富有生机。

亲爱的小读者，生活中有很多不如意，你不能因为一些糟心事就对生活失去希望。心态决定心情，不妨保持积极的心态，换种眼光看看世界，去发现那些被自己忽略的美好，去做一些有意义的事情，让生活过得充盈精彩。

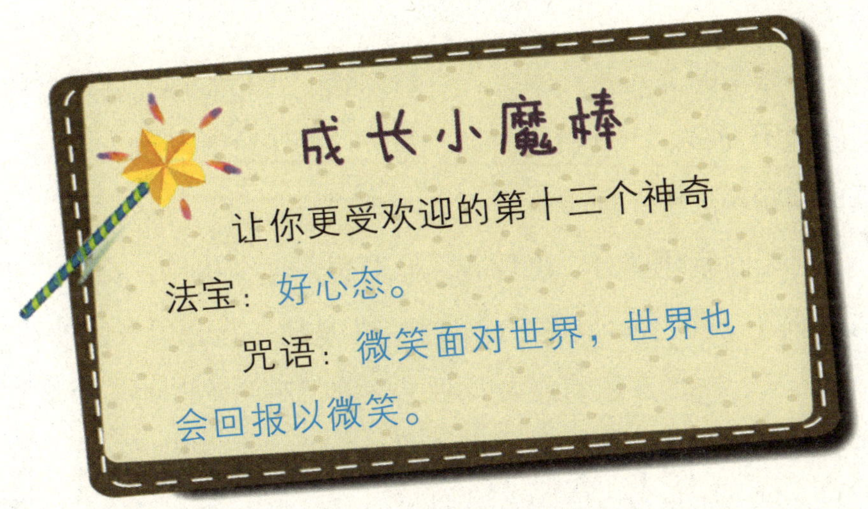

一束茉莉花

暑假，一辆大卡车载着大大小小的家具停在阿瑞家旁边的房子前。

新搬来的邻居是一家人，一位阿姨、一位叔叔，还有一个可爱的小女孩。小女孩扎着俩小辫儿，脸上红扑扑的，一笑就露出两颗小虎牙，阿瑞听见大人叫她“小茉莉”。

阿瑞偷偷地在窗户边看着，他很想去打个招呼，对小茉莉说：“你好，我叫阿瑞，你的邻居！”可是他一点儿勇气都没有。

一天，阿瑞在家看漫画，听见一阵“咯咯咯”的笑声从邻居家传来，他想：那一定是小茉莉的笑声。

阿瑞打开窗户，看到小茉莉正和她的朋友们在画画。一个穿娃娃裙的小女孩在纸上画了一座小房子，穿绿衣服的小女孩画了一条马路，小茉莉在路边画了许多花儿。

阿瑞想：要是再画一个金色的太阳该多美呀！他的脸上露出了微笑。就在这时，小茉莉正好回过头朝窗户一瞥，阿瑞吓得立马转过身去。

“还好，她没有看到我！”

阿瑞摸了摸脸颊，三年前那块因烧伤而留下的疤痕狠狠地刺痛了他的心。自从被火毁容后，阿瑞就经常遭人指指点点，慢慢地，他就变成了一个沉默的孩子。他很想和这个可爱的小女孩做朋友，但他没有勇气。

阿瑞家附近有一片小树林，没事时，他经常独自在树林里散步。

一天，他在散步时发现一片茉莉花，一朵朵开得洁白饱满，美丽极了，像邻居家的小茉莉一样好看。阿瑞俯下身子，摘了一大束茉莉花。

他把花悄悄地放在了小茉莉房间的窗台上，然后快速跑回家，躲进了卧室。透过窗帘的小缝，阿瑞朝对面的窗户望去，只见小茉莉正开心地把花插在玻璃瓶里，脸上露出了甜甜的笑容。

以后，阿瑞每次去林中散步时，都会给小茉莉捎一束茉莉花回来。

“到底是谁送给我的茉莉花呢？”小茉莉有点好奇。她又想起那天画画时，那个看着她微笑的小男孩。

一个午后，风很大，小茉莉正在家门前放风筝。她拉着风筝线，快乐得像一个小精灵。

突然，一阵强风猛地刮过，小茉莉手一抖，那风筝线从她手中挣脱了。

风筝往树林的方向飞去了。

“快回来！我的风筝啊！”小茉莉站在草坪上着急地叫着。

她看到一个小黑影冲进了树林。是阿瑞！

阿瑞跟着风筝追了很久，风筝落到林中的湖面上。

阿瑞找来一根长长的树枝，小心地将风筝拨了过来。

他甩了甩风筝上的水，用衣服把湿漉漉的风筝擦干了。回家的路上，他把风筝紧紧地贴在胸前，生怕它会被树枝钩坏。

这时，门前的小茉莉已经不见了，阿瑞再次悄悄地来到了小茉莉房间的窗户边，把风筝挂在了窗棂上。风筝旁边还放了一束茉莉花，是阿瑞刚才在回来的路上采的。

“谢谢你帮我找回了风筝！”

是小茉莉！她满脸通红，跑得满头大汗。原来，刚才她一直跟在阿瑞的身后，阿瑞所做的一切，她都看到了。

“不、不用谢。”阿瑞紧张地用手去遮脸上的疤。

“还有，谢谢你的茉莉花！”

阿瑞听了，红着脸说：“没、没关系！”

这时，又刮起了一阵大风。

大风把窗棂上的风筝刮

得噼啪作响，窗沿上的茉莉花迎风招展，幽幽的清香从风中飘来，那是多么沁人心脾的香味儿呀！

小茉莉甜甜地笑了，她笑得真像一朵茉莉花。

“明天我们一起去参加风筝节好吗？”小茉莉问道。

“可是……我的脸……”阿瑞低下了头。

“这一点儿关系也没有，你是我的好朋友！”小茉莉笑着说，飞快地跑进了房间里。

她推开窗户，将一张画从窗户里递了出来。

那幅画上，有花，有马路，有房子，还有一扇打开的窗，窗户边还有一个小男孩的背影。

拥抱友情

友情是一种温暖的陪伴。

也许你很想很想交一个朋友，但又觉得自己长得不好看，或者学习成绩不好……你认为自己处处不如别人，就像一只没人理会的丑小鸭。

“他们肯定不愿意跟我做朋友的！”在你还没有迈出第一步之前，你就已经否定了自己。

可是你知道吗？真正的朋友不会在乎你的外表如何，学习成绩如何，他们更注重的是你的内心。还有，不管你觉得自己有多么不好，其实你身上还是有很多闪光点的。

如果你很想跟某个人成为好朋友，你可以——

1. 先试试跟他礼貌地打个招呼，开始交流的第一步；

2. 主动跟他分享你喜欢的某个玩具或者某本漫画书等；

3. 邀请他一起去某个地方玩儿；

4. 倾听他的烦心事儿，为他想办法；

5. 问问他的生日，为他准备一件合适的生日小礼物。

亲爱的小读者，在这个世界上，每个人都需要朋友。友谊可以让你更乐于接纳自己，变得更自信；友谊可以带给你快乐和欢笑，让你的生活充满阳光。请敞开心扉，让友谊滋润你的心田吧！

成长小魔棒

让你更受欢迎的第十四个神奇法宝：拥抱友情。

咒语：友谊是一棵可以为你遮阳的大树。

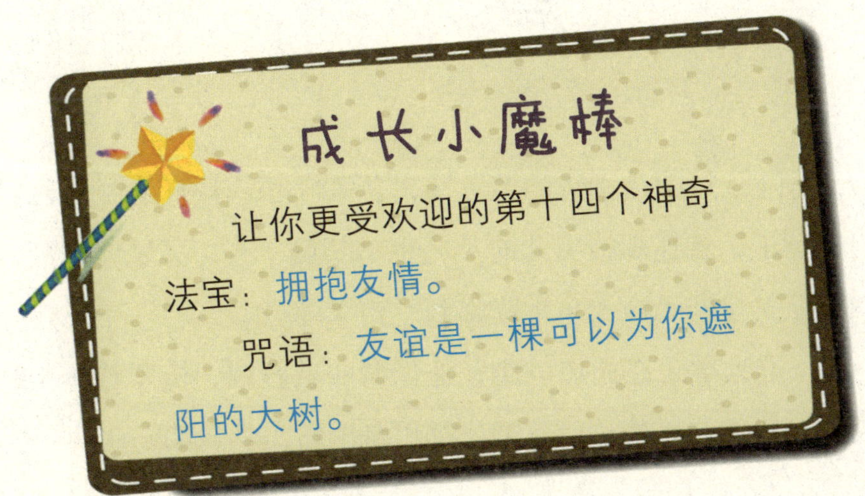

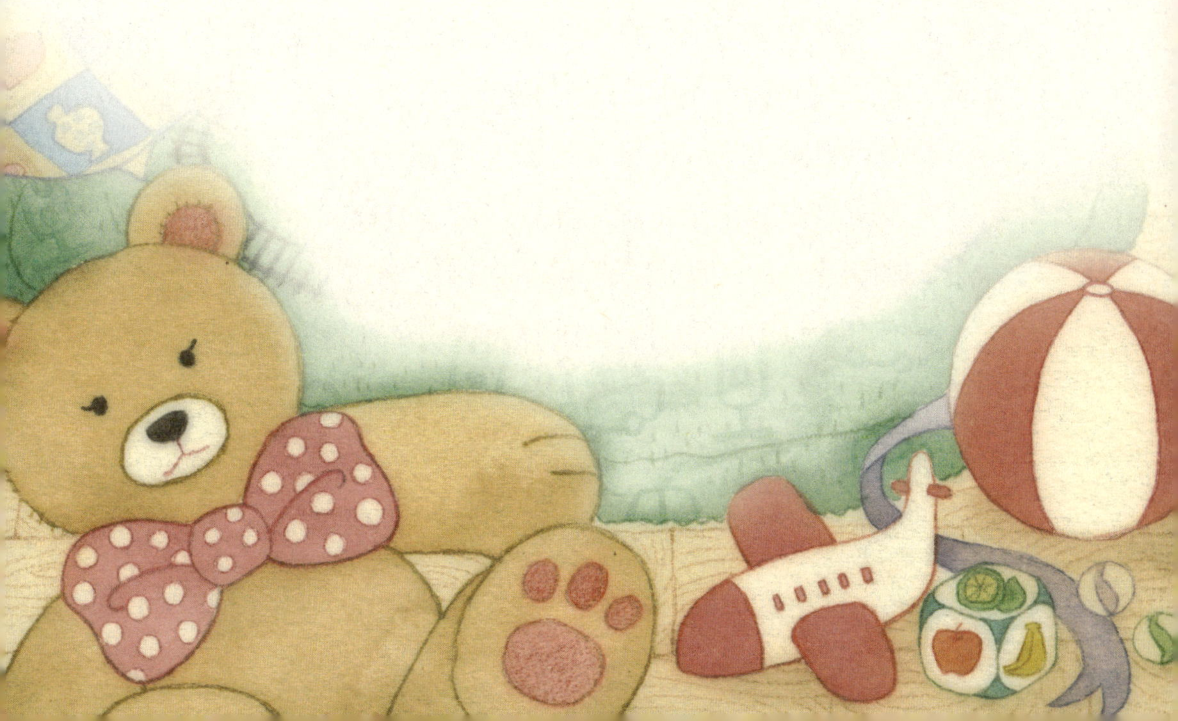

雪鸟

一阵秋风掠过湖边的芦苇荡，芦苇叶那病恹恹的脸儿显得更蜡黄了，就连那拔尖儿的芦花也不禁低下头，瑟瑟地发抖。秋意，就这样无声无息地降临到了芦苇荡。

一群大雁正在湖边歇脚，他们弯曲着脖颈，梳理着光亮的羽毛，他们的翅膀矫健有力，那可是能搏击秋风的翅膀啊！

小不点，一只只有半边翅膀的小个子大雁，躲在芦苇丛里，羡慕地看着那些身姿优美的大雁们。

小不点多想加入他们啊！可他看着自己那只独翅，怕大雁们觉得自己是异类，不敢上去打招呼。

小不点垂着头，沮丧地走开了。

路边两只小麻雀正在玩“抛草籽”的游戏，一只嘴里衔着草籽，抛向另一只，另一只灵活地一飞扑，牢牢地接住了草籽。

小不点多想和麻雀们一起玩游戏啊！可他看看自己只有半边的翅膀，叹口气，走开了。

“麻雀们不会喜欢我的。”小不点想。

秋天去了，冬天来了。小不点还是孤零零的，一个朋友也没有。他从来不敢迈出那一步。

天空飘起了雪花，一片又一片，像芦花一样又轻又软。小不点站在漫天飞雪里，觉得好累好累。他闭上眼睛，什么都不去想了。

雪花一片片地覆盖在小不点身上，小不点变成了一只“雪鸟”。“雪鸟”周身雪白，在日光下亮闪闪的，看上去真像哪个艺术家用雪堆出来的。

不一会儿，好多其他的鸟儿飞过来。大家围着“雪鸟”，叽叽喳喳地议论着。

“我说，创作‘雪鸟’的那位一定是个大艺术家！他的独翅真是亮点啊！我不觉得这是缺陷，反而是一种别样的美！”喜鹊发表了自己的高见。

“你说得对！真想和这位大艺术家交个朋友！”啄木鸟的眼神里充满期待。

“我有个主意！”画眉鸟开心地叫道。

只见画眉鸟从树上啄下一粒浆果，在雪地上写道：

亲爱的艺术家，我们真诚地邀请您参加今晚的雪地舞会，期待您的到场！地点就在大松树旁。

鸟儿们散去后，“雪鸟”抖了抖身子，又变回了小不点。鸟儿们的话，小不点全都听到了，他的脸羞得红扑扑的。

小不点多想去参加雪地舞会啊！他的踢踏舞跳得可好哩！可是，他只有一只翅膀，大家会喜欢他吗？

“缺陷，是一种别样的美。”小不点的脑海里回荡着喜鹊的话。

“我就勇敢这一次，就这一次。他们喜欢‘雪鸟’，应该不会讨厌我吧。”小不点想。

小不点仔细梳理了自己的羽毛，就连那独翅也被他梳得光亮，他还用冬青叶做了个领结，把自己打扮得美美的。

雪地舞会开始了，百灵鸟唱着舞会的主题曲，啄木鸟用尖喙敲着鼓伴奏，麻雀们跟着节奏扭动着小脑袋……真是热闹极了。

小不点壮着胆子，走到舞场中央。鸟儿们看着这只独翅的大雁，惊讶极了。

一切都静了下来。

“我……我就是那个艺术家，哦，不，我就是那只‘雪鸟’。我可以和你们交个朋友吗？我会跳踢踏舞，你们要看看吗？”小不点的声音颤抖着，卖力地跳起了舞。

鸟儿们看着小不点的独翅，一下子就明白了。他们飞到小不点身旁，亲切地跟小不点打招呼，夸赞小不点优雅的冬青领结和优美的舞姿。

“我要是早一点迈出那一步就好了。”小不点想。

鸟儿们排成一排，托着小不点，飞上了云霄，飞进了那蔚蓝色的梦里……

迈出那一步

"那一步"是敞开心扉、融入集体的一步。

故事中的小不点终于交到了朋友，要是他早点迈出那一步，一定早就交到了朋友呢！

很多人对社交都有一种恐惧，害怕自己被别人拒绝，害怕自己的缺陷成为别人的笑柄，害怕别人会对自己不理不睬……很多很多的理由，都在阻止他们迈出那一步。

我们不是一座孤岛，每个人都与这个世界有着千丝万缕的联系，每个人都需要朋友。健康的社交，有利于培养我们健康的心态，以及与人交往的能力。在集体中，我们可以与人分享快乐，交流情感，这让我们倍感愉悦。

那么，如何更好地社交呢？魔法姐姐有以下几点建议：

1. 主动出击。交朋友总要一方先主动，你可以做主动的那一方。

2. 多赞美别人。多赞美别人，懂得欣赏别人，你才会更受欢迎。

3. 树立自信心。相信你是很棒的，不要胆怯，大胆表现自己。

4. 善于倾听。当别人说话时，你要仔细听，不要做其他无关的事情，这是对别人的尊重。

5. 有幽默感。幽默机智的语言可以化解尴尬。

试着去做一做吧，相信你也会和小不点一样，交到许多好朋友的！

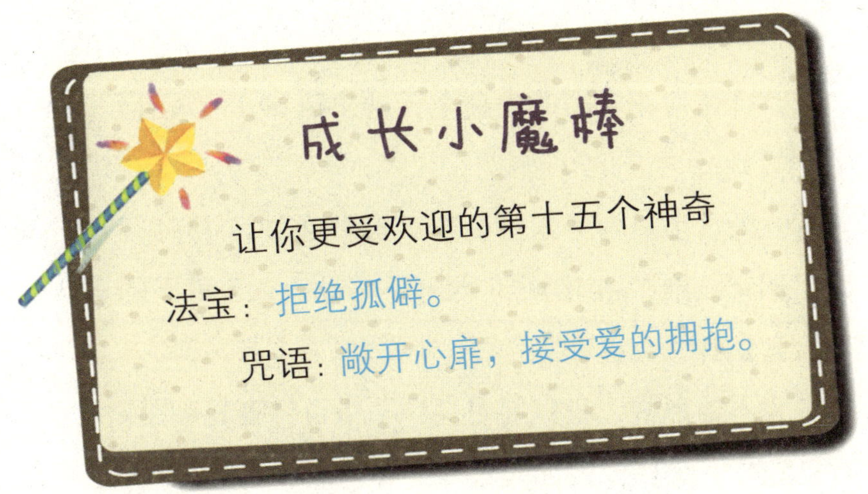

我想要一个月亮

小百合是百花王国的小公主，她才四岁，活泼可爱，国王十分疼爱她。

有一天，小百合对国王说："我想要一个月亮！"

"那有点难，我们换样东西好不好？比如毛茸茸的布娃娃，镶着金边的盘子，还有……"

"我不要那些，我就要月亮！"小百合嘟着嘴撒娇道。

就这样，小百合天天缠着国王要月亮，早晨、中午、晚上，她一天要说一百遍要月亮的事情。

甚至她还为此生了病。因为得不到月亮，她每天都愁眉苦脸的，再也不像以前一样爱笑了。

看到小公主整天闷闷不乐的，国王心疼极了，他下定决心，无论多困难都要帮小公主拿到月亮。于是，国王召集了全国最聪明的几个人，让他们想出让小公主拥有月亮的办法。

那些聪明人眉头紧皱，都觉得这是不可能的事。

一位数学家说："月亮距离我们有三十多万千米，而且比小公主的房间大多了，甚至比我们的王国还要大，就算拿回来了，小公主也没有地方放呀！”

“对呀，”一位科学家附和道，“并且月亮表面坑坑洼洼的，就像被山羊啃过的草皮一样，一点也不好看，我不知道小公主怎么会喜欢月亮。”

小百合听了他们的话，又急又气，她挥着小手，焦急地哭道：“我要的不是这样的月亮！不是这样的月亮！”

那些聪明人糊涂了，天上的月亮就那么一个，小公主要的难道不是那个月亮吗？他们不断地跟小百合解释，月亮只有一个，只有天上的那一个。

小百合哭得更厉害了。

国王看到小公主哭了，十分心疼，他赶紧把那些聪明人打发走了。

国王找来了一个小丑，想给小百合解闷，逗她开心。

小丑来到小百合身边，对着她扮鬼脸，可小百合一点也不开心，她用稚嫩的童声说道：“我不要小丑，我要月亮！”

小丑最擅长的事情就是逗小孩子开心，他会用孩子喜欢的方式与他们交流。

他突然灵光一现，对了，小公主想象中的月亮可能和真实的月亮不一样，毕竟小孩子想的东西总是千奇百怪的。

现在，他要弄清楚小公主心目中的月亮到底是什么样的。

于是，小丑温柔地问小百合：“你要的月亮有多大？”

“比我大拇指的指甲盖小点儿！因为我用拇指指甲盖儿对

着月亮，就能遮住它啦！”小百合快速地回答道。

“月亮离你有多远？”小丑又问道。

“大概从我这里到窗台的树梢那么远，因为它有时候会挂在树梢上。”

“月亮是用什么做的呢？”

“是金子做的！闪闪发光的！”

问了小百合这几个问题后，小丑就明白她想要的月亮是什么样的了——比拇指指甲盖小一点，可以挂在树梢上，是用金子做的。

满足这三个条件的“月亮”很容易拿到！

第二天，小丑找金匠做了一条金月亮项链，然后把这条项链拿给小百合。

“我要的就是这个月亮！”

小百合开心地跳了起来，她的病一下子就好了。

那些聪明人傻了眼，他们只知道天上的那个月亮，却永远理解不了孩子心中的那个月亮。其实做到这一切并不难，只要你真诚地倾听那从心里发出的声音就够了。

善于沟通

沟通是理解的桥梁。

故事中，小百合想要的月亮并不是天上那遥不可及的月亮，而是一条简简单单的月亮项链。数学家和科学家只是自顾自地说着自己的观点，完全没有想到要去倾听小百合的心声。

那些所谓的聪明人只知道天上的那个月亮，却永远理解不了孩子心中的那个月亮。只有小丑了解孩童的心理，愿意花时间和一个小孩子沟通，终于明白了小百合的心事。

人心是最难捉摸的，我们不能凭自己的感觉去判定别人。沟通是理解的桥梁。与他人相处的过程中，我们要学会倾听，给别人吐露心事的机会。

亲爱的小读者，了解一个人不能光看表面，遇到自己不确

定的事情时，不要妄加揣测，而要真诚地去和别人沟通，看看自己是否误解了别人。有时候，一个小小的误会会让你失去一个重要的朋友，那将是一件多么让人伤心的事情呀！

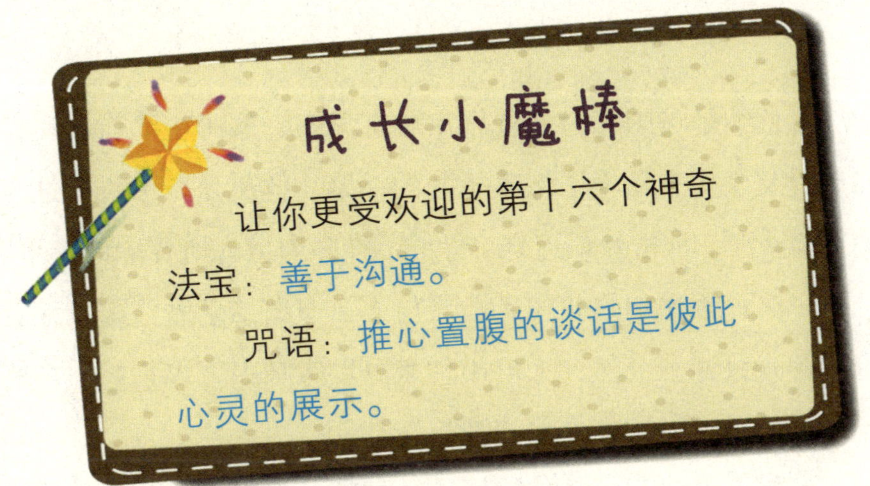

幽默的文学大师

萧伯纳是英国著名的戏剧家和文学家，他一生笔耕不辍，在世界文学史上留下了浓墨重彩的一笔。他更是一位机智过人的幽默大师，常常妙语连珠，留下了许多为世人所传颂的趣事。

一次，萧伯纳的戏剧《武器与人》演出结束后，萧伯纳登台向观众致谢。突然，人群中传来一声大喊："萧伯纳，你的剧本糟透了！收回去，停演吧！"

台下不少观众为萧伯纳捏了一把汗。没想到，萧伯纳很有风度地对着那人鞠了一躬，说："我的朋友，你说得对，我完全同意你的意见。"

然后，他微笑地指着观众席上的其他人说："可惜的是，我们反对这么多观众有什么用？也不能禁止这部剧的演出啊！"

萧伯纳刚说完，观众们立即响起了如潮水般的掌声，那人只好灰溜溜地走出了剧场。

就这样一句简单又幽默的语言，立刻化解了现场难堪的场面，让萧伯纳既赢得了人心，又回击了叫嚣者的恶意。

幽默是萧伯纳待人处事的润滑剂。他总是能用幽默恰到好

处地表达自己的意愿，又不得罪人。

萧伯纳成为家喻户晓的大文豪后，有很多的爱慕者。

有一位著名的美国舞蹈家非常仰慕萧伯纳的才华，她思来想去，决定给萧伯纳写一封求爱信，来表明自己的爱意。

舞蹈家在信中写道："一个具有我的身材和你的头脑的孩子，将是多么美妙呀！"

萧伯纳收到这封热情的来信后，捋着胡子思索了一会儿，提笔回信："亲爱的女士，如果这个孩子具有我的身材和你的头脑，那就糟透了！"

萧伯纳的话直接却不失风趣。舞蹈家收到回信后，当即明白了萧伯纳婉拒的意思，便不再去打扰他了。

萧伯纳曾到过上海。那时，上海正逢久雨初晴。和萧伯纳一同散步的蔡元培先生说："您真有福气，在上海看见了太阳。"萧伯纳听了，摇了摇头笑着说："不，我看这是太阳的福气，可以在上海看到萧伯纳！"

萧伯纳享年九十四岁，甚至在墓碑上，他也不忘打趣自己："我早就知道无论我活多久，这种事情一定会发生的！"

"幽默像马车上的弹簧，没有它，人生路上的每一块小石子都会让你颠簸得难受。"正如萧伯纳所言，正是生活中一点一滴的幽默，才让萧伯纳活得潇洒自如，有滋有味。

生活里的幽默

幽默是生活的调味剂。

在一家高档的餐厅里，一位绅士正准备用餐，却突然发现菜汤里有一只苍蝇。他怒气冲冲地叫来侍者，指着汤责问道："这东西为什么会在我的汤里？"

侍者盯着汤，仔细看了看，回答道："先生，它正在学习仰泳！"

这位绅士被侍者的话逗得哈哈大笑，心中的怒气也一扫而光。侍者趁机提出为绅士换汤，绅士也愉快地点头答应了。

你瞧，侍者的幽默轻轻松松地化解了一场即将爆发的矛盾。

有幽默感的人，总能让人感到舒心和快乐。幽默是生活中巧妙圆场的智慧，是自嘲的豁达与宽容，更是一门有用的生活艺术。

那我们要怎样培养自己的幽默感呢？你可以多看看喜剧、幽默笑话、漫画等。看到有趣的及时记下来，也许，什么时候你就可以用到它呢。

亲爱的小读者，如果你希望自己成为一个受欢迎的人，千万别忽视幽默的神奇力量。幽默将让你更加开朗自信，让你更容易赢得别人的信任和喜欢。是啊，谁不喜欢有趣的人呢？

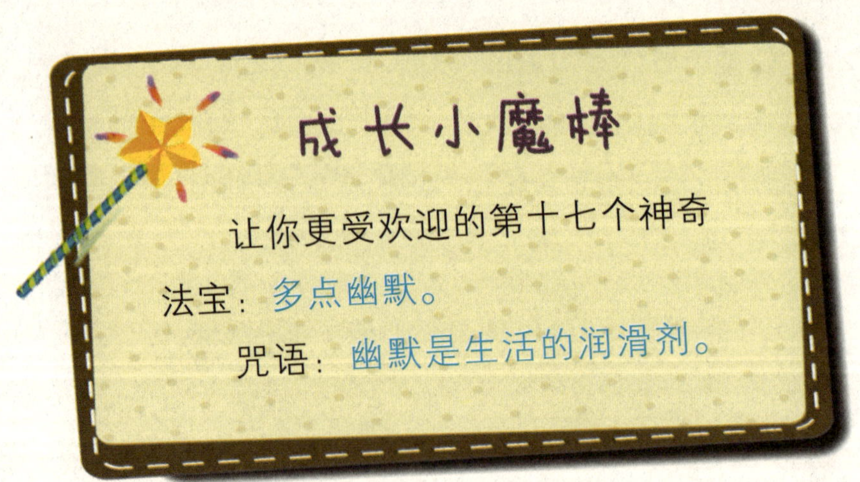

森林老人的魔法

清晨的阳光洒向大地，给森林镀上了一层金色。一群小蜜蜂欢快地哼着歌儿，提着花蜜桶朝田野间的花田飞去。

这会儿，一只叫拖拖的小蜜蜂还没出门呢。

拖拖可拖拉了，穿衣服要半小时，梳头发要花一小时，啃饼干又要花半小时，等她出门时，别的蜜蜂都已经采完花粉回来啦！

就在最近，拖拖的拖拉还惹了个大祸。

蜜蜂家族作为森林里的昆虫快递员，每天都要送好多快递。

这天，拖拖去给蚂蚁爷爷送假牙。

“拖拖，一定要赶在吃午饭前送到啊！”快递公司嘱咐道。

拖拖答应得好好的，可转眼就把这重要的事儿给忘了。

刚飞出去不远，她就看到了一片小野菊。“反正还早，不着急！”这样想着，拖拖慢悠悠地吸了点花蜜。

飞着飞着，拖拖看到小猴子在树下演杂耍，“我先看会儿吧！”拖拖又停了下来。

太阳快落山了，拖拖终于把假牙送到了蚂蚁爷爷家。蚂蚁爷爷家围了一圈儿的人，原来，蚂蚁爷爷没等到假牙，饿了一天肚子，晕倒了！

这下惨了！蚁后向森林法官投诉了蜜蜂家族的拖拉服务，连蜂后都受到牵连了。

一天早上，拖拖照例起晚了。当她在镜子前梳头时，突然吓得大叫了一声。

天哪，她长了三根白头发！

嗡嗡嗡，蜜蜂们围着拖拖看来看去。

“少白头，你肯定中了森林老人的魔法！”一只小蜜蜂说。

“没错！我听蜂后说，如果谁老是拖拖拉拉浪费时间，森林老人就会提前把他的时间拿走，让他变老！”另一只小蜜蜂说。

拖拖有点不相信：“真有森林老人的魔法？蜂后肯定是骗人的，也许我只是因为昨晚没睡好！”

这天，拖拖还跟平时一样，做什么都慢吞吞的。

第二天早上，拖拖发现自己又多了三根白头发！

拖拖想，她可能真的中了森林老人的魔法！拖拖还年轻呢，可不想现在就变老，她慌里慌张地飞去找蜂后帮忙。

“好孩子，只要你愿意改掉拖拉的性子，森林老人的魔法就会自动失效。”蜂后说。

拖拖点了点头，她决定再也不拖拉了。

新的一天来临了，拖拖起了个大早。

她数了数白头发，哦，还好，还是六根，她松了口气。这回她很快就打扮好了，连吃饭也才花了不到三分钟呢！

拖拖头一回和小蜜蜂们出门采花粉。早晨的空气真新鲜，不远处的树林里不时传来鸟儿们悦耳动听的歌声。这天拖拖采了好多的花粉，有玫瑰花粉、紫云英花粉等，比其他小蜜蜂采的多得多！

蜜蜂们个个都夸拖拖能干。

傍晚时分，拖拖要去给蚱蜢妈妈送拨浪鼓。

蚱蜢宝宝鼻子一吸，正准备开哭呢，咚咚咚！一阵欢快的鼓点声吸引了蚱蜢宝宝的注意，他立马咯咯地笑了起来。

“谢谢你，你来得真及时！”蚱蜢妈妈感激地说。

不知不觉，一个月就过去了，拖拖早已改变了拖拉的坏习惯。

这天，拖拖早上照镜子时，发现头上的白头发不见了。哈哈，拖拖感觉自己一下子变年轻了！

其实，哪里有什么森林老人的魔法，拖拖的白头发其实是蜂后趁她睡着后给她染的呀！

目标时间表

要做一件事，马上去做，决不等下一秒！

有个小男孩要去参加一场非常重要的小提琴比赛，可在出门前，他却一直磨磨蹭蹭，一会儿要去洗手间，一会儿要去拿帽子，一会儿又照照镜子……

结果，等他慌慌张张地到达演出地点，演出马上就要开始了。他喘着粗气跑上了舞台，紧张之下，脑袋一片空白，把自己的演奏曲目都给忘了！

真可惜，他因为自己的拖拉而输掉了比赛。

亲爱的小读者，你是不是也经常磨磨蹭蹭呢？本来计划好放学回家后就写作业，可是总想先吃点零食，看看漫画，玩玩手机……最后，等你真正去写作业的时候，已经是晚上八九点了。你一边打着哈欠一边写作业，结果把作业写得一塌糊涂，第二天还挨了老师的批评。

拖拉是个很糟糕的习惯，会打乱我们的生活和学习计划，会让我们因耽误时间而变得焦虑、产生负罪感，会让我们错失很多人生的机会。

如果你是个拖拉的孩子，不妨为自己制作一张目标时间表。

把每日的目标、每周的目标、每月的目标清晰地写在纸上，当你去完成这些目标时，请关掉 QQ、音乐、电视……屏蔽一切能影响你的东西。你可以邀请爸爸妈妈一起监督你的行动，和他们商量一下合适的奖惩机制。

时间是世界上最最宝贵的东西，如果你把时间浪费在拖拉上，那可真是天下头号大傻瓜。你可别做这样的傻瓜呀！

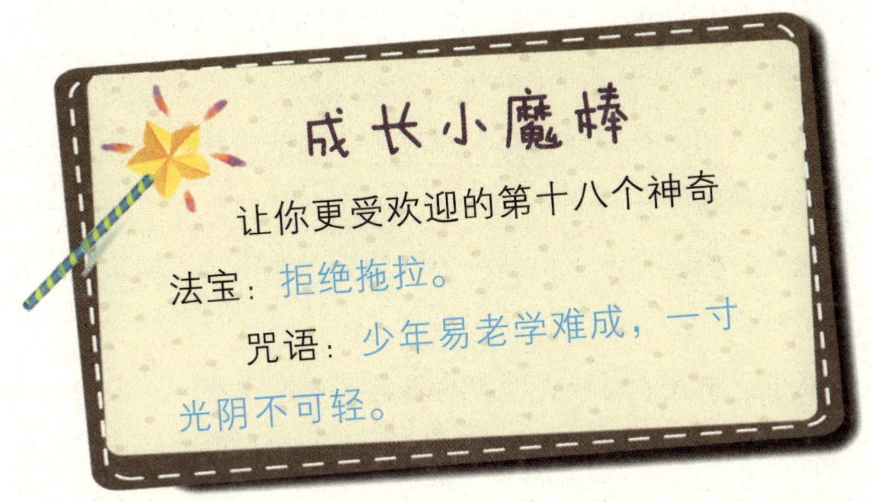

机器人古丁

器械镇上住着许多器械，什么匕首啊，木车啊，喷火器啊……他们全都拥有鲜活的生命。不过，器械镇上最多的镇民，当属机器人。

机器人和人类一样，有喜怒哀乐。这些情绪全靠他们后脑勺上的情绪按钮来控制。

这天，机器人古丁得到一个好消息：他当选器械镇的形象大使啦！

听见这事儿的时候，他笑得连眉毛都在颤抖，下巴都差点儿笑脱臼喽。

不知道怎么回事，直到晚上睡觉前，古丁还是抑制不住兴奋。

零点的钟声刚刚敲响，古丁实在忍不住了！他一骨碌从床上爬起来，挨家挨户地去敲邻居的门，一脸喜悦地嚷嚷：“嘿嘿，你知道吗？我当选器械镇的形象大使啦！”

大伙儿从香甜的睡梦中被吵醒，全都疲惫地打着哈欠，心里烦躁极了。只有古丁还是乐呵呵的，心头溢满了欢喜。

隔日，器械镇的上空飘来一团团乌云。不一会儿，风儿携着豆大的雨点儿噼里啪啦地落了下来。

机器人古丁正在街道上玩呢，倒霉的他被突如其来的雨水淋成了“落汤鸡”。

他急匆匆地跑到附近的老木车家躲雨。

老木车大方地递给古丁一条新毛巾，转而继续用润滑油抹他的车轱辘。他一边抹，一边唠叨：“年纪大了，车轱辘都不好使了……”

他抹着抹着，车轱辘忽然打了个滑。老木车手一抖，手里剩下的大半瓶油全洒在了古丁身上。

雨水和油脂混杂在一起，看起来脏极了。

还没等老木车开口道歉，古丁便“噌噌”直冒火。他瞪大双眼，一把将毛巾砸向老木车，气冲冲地扭头跑了。

毛巾缠住了老木车的车轱辘，害得老木车摔了个大跟头。

在回家的路上，古丁有点儿疑惑，他不知道自己为什么会因为一点小事发那么大的火。平日里，他明明是个好脾气的机器人呀！

正想着，机器人奔奔不知道从哪儿冒了出来，拍了拍古丁的肩膀。

奔奔一脸抱歉地对古丁说道：“我和喷火器玩的时候，他不小心打了个喷嚏，喷出的火苗一下子就把藤球给烧着了！真是对不起！”

那颗藤球可是古丁最喜欢的玩具！奔奔刚说完，古丁就噘着嘴，眼眶里迅速泛起一圈泪光。

除了这事儿，奔奔还带来了另一个坏消息：镇长听说古丁深夜扰民，还用毛巾砸老木车，决定取消古丁形象大使的称号。

这会儿，古丁的脑子里就像被塞进了一团乱麻，所有伤心难过的事一齐涌上心头，悲伤的情绪都快把他淹没了。

他一动不动地站着，心如刀绞，泪珠顺着他的脸颊不停地往下掉。

不知道过了多久，古丁脚边的泪水竟然汇成了一个水坑。

奔奔瞧着这一幕，越想越觉得古丁这几天浑身上下都不对劲。他急忙找来了器械大夫，为古丁看病。

大夫仔仔细细地为古丁检查了一番，发现古丁的情绪按钮正在吱吱冒烟。他拿起工具，三两下修好了情绪按钮，古丁顿时停止了哭泣。

原来，是古丁的情绪按钮出了故障。古丁的那些不对劲，全是因为情绪不受控制啊！

失败的路易斯

学会控制情绪，别让情绪控制你。

在一场世界台球冠军争夺赛中，名将路易斯的分数遥遥领先于对手。

眼看路易斯即将获得胜利，突然，一只大苍蝇停在他的白色主球上。他挥手赶走苍蝇，准备继续击球。没想到，那只烦人的苍蝇又落回到主球上。

路易斯接连赶了好几回苍蝇，那苍蝇每次都在路易斯准备击球的时候停在主球上，现场的观众全都忍不住大笑起来。

路易斯本来就觉得烦躁，听见大家的笑声他更加生气了。于是，他愤怒地扬起球杆击打苍蝇。

结果，苍蝇没有被击飞，反倒击中了主球。裁判当场宣布路易斯犯规。

路易斯的心情更糟糕了，这导致他接下来的几次击球都失了准头，最终与冠军失之交臂。

事实上，路易斯如果控制好自己的情绪，不理会那只捣乱的苍蝇，就不会导致失误。可他却让情绪支配了自己，最终，冲动的情绪像肆虐的洪水一般，冲毁了他心理的堤坝。

亲爱的小读者，不良的情绪需要靠我们的理智来控制它。千万别让情绪变成脱缰的野马，成为咬人的野兽。一个人如果没有能力控制自己的情绪，就没有能力主宰自己的命运。魔法姐姐希望你能够学会控制自己的情绪，千万不要让情绪支配你哦。

成长小魔棒

让你更受欢迎的第十九个神奇法宝：控制情绪。

咒语：控制情绪，你就掌控了生活的开关。

美丽果

在古拉国的城堡里，住着一位爱吹笛子的公主。

小公主的脾气很大，一丁点不顺心的事，都能让她暴跳如雷。

散步时，一根树枝钩住了她的头发，她气得把树砍掉了；

睡觉时，一只乌鸦吵醒了她，她气得赶走了城堡里所有的鸟；

有一次，女仆端茶时把水洒到了她的衣袖上，她立马叫人打了女仆五十大板……

很快，一件可怕的事降临在公主身上。

在某个清晨，公主梳妆时，发现自己变丑了！她原本光洁无瑕的脸上冒出了许多麻子，嘴唇变得又肥又厚，眼珠子往外突出，难看极了。

公主气得打碎了宫中所有的镜子，伤心地哭了好多天。国王和王后请了很多名医来看公主的怪病，却一点用也没有。

这天，城堡里来了一个女巫，说她能让公主恢复美丽。

女巫送给公主一株“美丽草”，说：“美丽草能结出美丽果，只要你吃下美丽果，就能变漂亮。”

“不过，你要把它带在身边，每天对它微笑，对它说温柔的话，它才能结果。如果你发脾气，它就会慢慢枯萎的。”

公主担心地问：“可我老爱发脾气，这可怎么办呢？”

“当你生气的时候，你可以试着做一件让自己开心的事，这样你就会消气了。”

公主点了点头，为了恢复容貌，她决定试一试。

她小心翼翼地把美丽草种入小花盆里，就在这时，一只猫闯了进来，打翻了烛台。一股怒火从公主心中升起，她正要骂那只猫，突然想起女巫的嘱咐——不能发脾气，发脾气美丽草就不能结果了！

她努力挤出一丝微笑，扔了一块点心过去，对猫轻声说：“去，吃点心吧！”

可这只猫淘气极了，它又跳到了桌子上，打翻了茶杯，然后跳到古董架上，撞碎了花瓶。这下，公主更生气了，她打算狠狠地踢猫一脚，突然，她袖子里的笛子掉了出来。

女巫的话又在公主的脑海里响起：“做一件让自己开心的事……”公主定了定神，吹起了笛子。

她越吹越开心，笑容在她脸上慢慢绽放。悠扬婉转的笛声让小猫陶醉了，它不再捣乱，走过来乖乖地依偎在公主的脚下。

“乖！”她温柔地抚摸着脚下的小猫。

从这以后，每当公主想发脾气，她就开始吹笛子。欢快的

笛声让公主拧紧的眉头舒展开来，脸上也露出了甜甜的笑容，语气也变得温柔了。

后来，美丽草结出了红色的小果子。公主小心地摘下美丽果尝了尝，味道甜甜的，真好吃！

你一定已经猜到了，公主真的变美啦！瞧，当她展露笑颜时，她的脸就像一朵盛开的玫瑰，而且呀，她再也没有说过难听的话。

赶走臭脾气

愤怒以愚蠢开始，以后悔告终。

在生活中，有的人就是那么爱生气。被人轻轻撞了一下，马上怒气冲冲，非要跟别人算账；挤公交车被人踩了一脚，也要骂人家几句；天突然下雨了，自己没带伞，还要怪老天怎么没长眼睛……

爱生气的人就像一个随时都会爆炸的炸药包，一丁点儿的火星都会将他们点燃。他们不仅会将自己的生活搞得愁云惨雾，也会让身边的人很痛苦。

如果你也是一个爱发脾气的人，那该怎么办呢？魔法姐姐给你四条建议：

第一，迅速降温。如果你手边有水或者冰饮料什么的，赶紧喝一口，你会觉得火气一下子就被压住了。

第二，走为上计。当你准备生气时，离开你所在的地方，十秒之后，你可能就没那么生气了。

第三，化生气为力量。当你的愤怒要爆发时，不妨去做点别的什么事情，比如整理抽屉、打扫卫生。

第四，向别人倾诉。可以跟自己的父母或者好朋友谈谈，疏解一下内心的愤怒与烦恼。

亲爱的小读者，发脾气虽然可以让我们感到一时的痛快，但一旦你习惯了这种方式，你生气的次数会越来越多。慢慢地，你就会变成一个面目可憎的人。如果你想变得受欢迎，一定要学会控制自己的坏脾气哦！

成长小魔棒

让你更受欢迎的第二十个神奇

法宝：不乱发脾气。

咒语：愤怒让人面目可憎。

独角兽王子

魔法森林里有个传说：独角兽的角有奇妙的功效，它能让死者起死回生，使健康的人延年益寿，还能鼓舞战士的士气……

这个传说，让独角兽一族几乎遭受了灭顶之灾。他们不得不搬到森林深处，搭建起强大的防护层，将整个族群隐匿起来。

但恶人们为了自己的利益，用尽各种手段探寻、追踪，竟然发现了独角兽隐居的地方，并打破了保护独角兽一族的防护层。

战斗打响了。

独角兽王子阿雷性情冲动，经常闯祸。这一回，独角兽王特地叮嘱他一定要控制自己的情绪，不要冲动。

阿雷不以为意地点了点头，并没有将父王的话放在心上。

几日后，阿雷奉命带领一个小队埋伏在半山腰，只等敌军全部进入山谷，就将山石推下去。

敌人的先头部队进入了山谷，他们发出阵阵狂妄的笑声，大声谈论着将来如何奴役独角兽们。

阿雷气得将面前的山石推了下去，其他士兵得到信号，纷

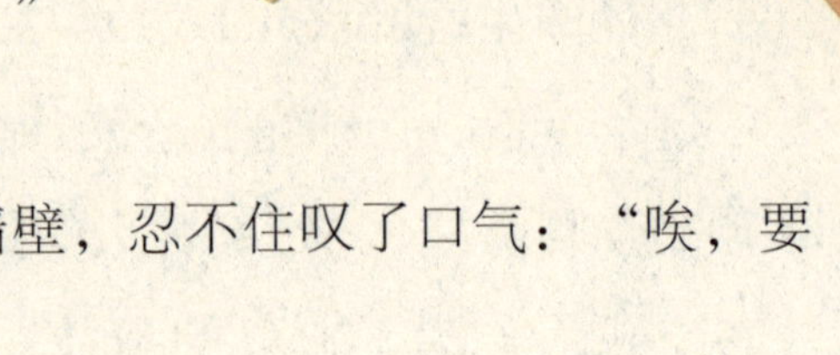

纷将石头推下山坡。

敌兵看到滚落的山石，急忙掉转方向撤离。

一个巧妙的陷阱，就这么被破坏了。

独角兽王大发雷霆，对阿雷吼道：“你知道你的冲动会给族人带来多严重的后果吗？”他下令将阿雷关禁闭三日。

阿雷面对着四面空空的墙壁，忍不住叹了口气：“唉，要是当时不那么冲动就好了。”

三天后，他被放出来时，听说敌人纠集了更多的人马，往他们独角兽的隐居地赶来。

阿雷非常生气。

他冲进王宫打算向父王请战，刚进去就听侍卫队队长向父王汇报道：“矮人族国王率领着三十万大军正在赶来，再过两个小时……”

“可恶！这些该死的小矮子，竟然也想趁火打劫！”阿雷悄悄溜出王宫，发誓要给矮人王一个终生难忘的教训！

于是，当矮人王刚迈进山谷时，

就被脚下的绊马索绊了一跤，矮人王猝不及防，从马上摔了下来。这时，阿雷从天而降，劫持了矮人王。

“赶快滚回去，否则我就不客气了！”阿雷恶狠狠地威胁道。

所有人都被眼前的变故惊呆了。

独角兽王恰好赶到，看到这一幕，他差点晕过去。

前几日，独角兽王向矮人王求助，并承诺将一座金山送给矮人王，矮人王这才率领三十万大军翻山越岭，千里迢迢地赶过来增援。结果，阿雷却将矮人族当成了敌人。

暴脾气的矮人王气得胡子都翘了起来，当下率领部队掉头回家了。

阿雷这才知道自己闯了多大的祸，可一切已经来不及了。

这边，矮人王率领部队刚撤离，那边，敌人已经围了上来。

独角兽一族不分男女老少，全都拿起了武器。鲜血染红了他们脚下的土地。

一队卫兵保护着阿雷突围，去向外界求援。

阿雷多么想掉头冲回去，用手里的武器保卫自己的族人们啊！可是他知道，全族的希望都在他的身上。

卫兵们杀出一条血路，阿雷终于成功突围。

他追上打道回府的矮人族，跪地请求矮人王的原谅。

矮人王原谅了阿雷的鲁莽，并率领部队折返，援助独角兽一族，赶跑了来犯的敌军。

阿雷终于长了记性，再也不敢冲动行事了。后来，他成为独角兽族的王，人们都夸他冷静沉稳。

阿雷感慨，这都是血的教训换来的啊！

樵夫与狗

冲动是魔鬼，会让你做出无法挽回的错事。

从前有个樵夫，他的妻子生完孩子后就去世了。樵夫怕自己出门后，孩子一个人在家会有危险，就养了一只狗。

那只狗非常聪明听话，还会叼着奶瓶给孩子喂奶。

一天，樵夫出门去砍柴，把孩子留在家里，让狗帮忙照顾。

可是那天突然下了一场很大的雨，樵夫只好躲进山洞里避雨。等雨停后，已经是第二天了。

樵夫回到家，被眼前的一幕惊呆了。只见屋子里到处都是血，家里的狗就趴在门口，也满嘴是血，而他的孩子却不见了。

樵夫以为狗饿极了之后吃了自己的孩子，一怒之下，他拿起柴刀将狗砍死了！

这时，他的孩子从床底下爬了出来，抽抽搭搭地哭道："坏狼吃宝宝，狗狗咬坏狼！"

樵夫这才知道，自己误会了狗，可是一切都来不及了。

冲动真是太可怕了。它会控制你的思想，"接管"你的身体，让你做出一些失去理智的事。

樵夫冲动之下杀掉了忠心耿耿的狗，等他冷静下来之后，后悔也没有用了。亲爱的小读者，魔法姐姐希望你们不论遇到任何事情，先深呼吸三次，冷静下来再行动，千万别让冲动的情绪控制了你。

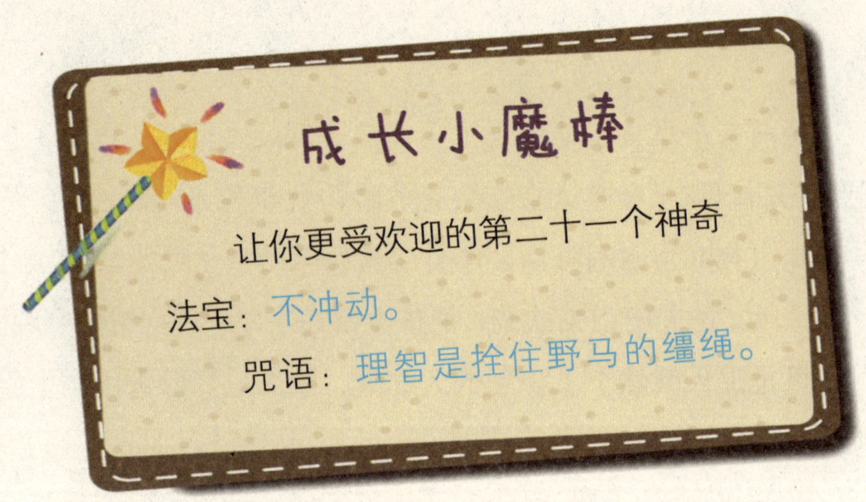

记在沙滩上的事

阿默一直交不到朋友，他总是在人际关系上遇到各种问题，工作也不顺利，这让他很头疼。

一天，他低着头，心烦意乱地在街上走着，一不小心，迎面撞到了一位老人。老人被阿默撞倒在地，仰面躺在了地上。

“他怕是要讹钱了吧。”阿默心想。

谁知老人自己慢慢爬了起来，拍了拍身上的土说：“不要紧，我也没注意看路！”

老人的回答让阿默吃了一惊，他羞红了脸，连连道歉。

“年轻人，我看你愁眉苦脸，是遇到什么烦心事了吗？”老人关心地问道。

“我交不到朋友，我和别人相处的时候，总能发现别人身上的各种毛病，他们只要有什么让我不舒服的地方，我就会讨厌他们。我有精神洁癖，和这些人做不了朋友。”

老人沉默了半晌，给阿默讲了一个故事：

一天，一对好朋友一起去登山。A 不小心失足跌落悬崖，

身体急速下滑，幸好抓住旁边的一根树枝才保住性命。B见朋友处境极为危险，不顾自己的安危，慢慢爬到A的身边，拼死相救，终于把A拉了上来。

事后，A把朋友救自己的事情刻在一块石头上。

“我要把你救我的恩情一直铭记于心，就像刻在石头上那般深刻。”A感激地对B说。

后来，有一天，在海滩上散步的时候，这对好朋友因为一件事吵架了。他们吵得十分激烈，失去理智的B愤怒地扇了A一巴掌。

“我要把这件事记下来。”A对B说。

“随便你，反正你就喜欢记东西。”B不屑地说。

A把这件事写在沙滩上，只是片刻的工夫，海浪便把这些写在沙滩上的字冲刷得一干二净。

B不解地问："上次你把我救你的事情刻在石头上，这次我打了你，你为何要写在沙滩上？"

A看着B，微笑着说："我把自己要记住的事情分为两类，一类是刻在石头上的事情，是别人对我的好，我永远都想记着；而记在沙滩上的事情，则是一些不愉快的事情，海浪一来，就可以带走它们。"

老人的故事讲完了，阿默陷入了沉思。

老人语重心长地对阿默说："有些事情是要记在沙滩上的，比如和别人的一些小摩擦和小过节。不要为了小事而斤斤计较，多想想别人对你的好，那些不愉快的小事情，就忘掉吧。人和人相处，没什么特别的技巧，就是感恩和包容这两样。"

老人的一席话让阿默茅塞顿开，他向老人深深鞠了一躬，感激地说道："谢谢您，我明白了！现在，我要把我的那些事记在沙滩上。"

消失的珍珠

凡事斤斤计较的人，永远无法找到快乐的真谛。

有个人在海边捡到了一粒罕见的大珍珠，珍珠硕大而富有光泽，一看就价值不菲。

那人非常开心，捏着珍珠仔细端详。

“不好！”他尖叫道。

他在珍珠上发现了一个小小的斑点，不禁连连叹息，心生不快。

他想，如果把这个小小的斑点除掉，那这颗珍珠就变得完美了，会成为独一无二的珍宝。

于是，他用刀子削去了珍珠的表层，可是斑点还在。他又削去一层，斑点还在。就这样，他削去了一层又一层，最后那个斑点没有了，当然，珍珠也被他削没了。

他不禁懊悔道：“如果当初不计较那个斑点该多好啊！”

生活中的很多小事就如同珍珠上的斑点，大可不必去计较。计较得越多，你就失去得越多。比如，你抓着朋友犯过的小错不放，你就可能因此失去这个朋友。

亲爱的小读者，心要大一些、敞亮一些才好。我们不必浪费时间去斤斤计较一些琐事，那样是在浪费生命。有时候，学会忽略生活里的一些“小斑点”，是一种大智慧。

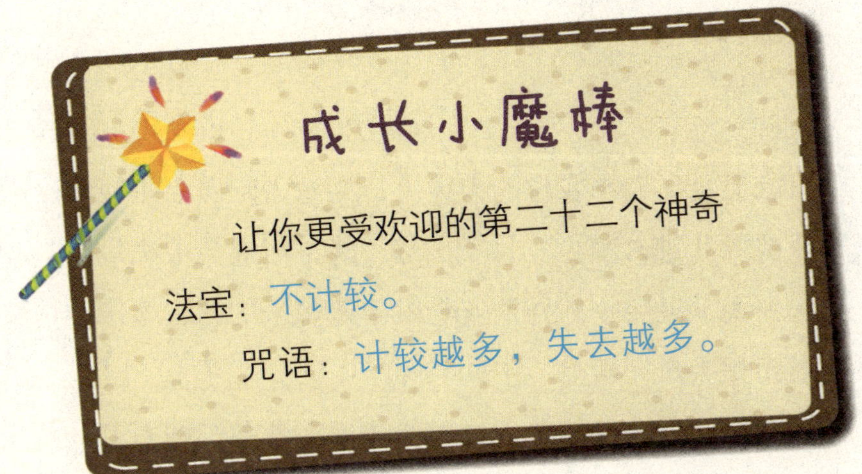

田鼠进城

田鼠灵灵住在小乡村的大树下，她每天吃着粗茶淡饭，唱着愉快的歌儿进入梦乡。日子虽然平淡，但灵灵很满足。

有一天，灵灵收到好朋友仓鼠笨笨寄来的信，笨笨邀请灵灵到城市里去玩一玩。

灵灵可高兴了！第二天，灵灵背着小背包，揣着这几年辛苦劳作攒下的金币，搭乘着小巴士来到了笨笨的城市。

笨笨开着拉风的胡萝卜跑车来车站接灵灵，他那镶金的大门牙在阳光的照耀下格外闪亮。一路上，笨笨都在向灵灵炫耀自己的跑车是多么高级，自己金灿灿的大门牙是多么昂贵，自己的荧光尾巴是多么奢侈。

灵灵看着眉飞色舞的笨笨，再看着自己土里土气的样子，打心眼里羡慕笨笨。

那几天，笨笨带着灵灵到处玩儿，还带她认识了好多新朋友。

这些新朋友都和笨笨一样，开着跑车，镶着大金牙，染着各种颜色的荧光尾巴。灵灵看着他们，愈发觉得无地自容，想

要变得和他们一样金光闪闪。

于是，她把背包里的金币都拿出来，扔掉身上那件洗得有些发黄的白衬衫和破旧的牛仔裤，换上了新款的订制服装，镶了大金牙，还染了个亮闪闪的荧光尾巴。

很快，灵灵包里的金币就花完了，她得意扬扬地回到村里，向村里的其他田鼠炫耀她的新衣服、金牙和亮闪闪的尾巴。

村里年纪最大的田鼠摇摇头，用苍老的声音说：“这些玩意儿有什么用呢？它们像烟花一样花哨，也像烟花一样短暂。灵灵，你会后悔的。”

灵灵才不相信老田鼠的话呢，不管怎么样，自己现在变得洋气了，时髦了，村里没有哪只田鼠像她一样闪亮。

没多久，冬天来了。往年这个时候，灵灵都会买一大批过冬的食物和取暖的木柴，可是，她现在一个子儿也没有，拿什么去买呢？

北风呼啸而至，呼呼地拍打着窗户。灵灵坐在空荡荡的壁炉前瑟瑟发抖，肚子饿得咕咕响。她低头看着自己身上的漂亮衣服，还有那条闪闪发光的尾巴，忍不住放声大哭起来。

此时此刻，她愿意拿这一切，包括嘴里金光闪闪的金牙，来换取几块红薯和一堆木柴。

虚荣的寒鸦

把精力花在追求虚荣上，生命就会变得空洞无聊。

天神打算选出一只最美丽的鸟做百鸟之王。听到这个消息，一些美丽的鸟儿们激动极了。

为了让自己看起来更美，他们来到河边，仔细梳洗着美丽的羽毛。河水上漂浮着很多片从他们身上掉落的羽毛。

丑陋的寒鸦也想做百鸟之王。可他没有漂亮的羽毛，怎么办呢？寒鸦看着河水上漂着的美丽羽毛，想到了一个办法。他趁着鸟儿们没注意，偷偷捡起那些羽毛，插在了自己身上。他摇身一变，变成了一只羽毛华美的鸟。

众鸟来到天神面前，等着天神挑出百鸟之王。天神看到了披着华丽羽毛的寒鸦，觉得寒鸦是众鸟中最美的一只，当下便任命寒鸦为百鸟之王。

其他的鸟认出了寒鸦身上属于自己的羽毛，纷纷来到寒鸦面前，拔去了属于自己的羽毛。就这样，寒鸦又变回了原本丑陋的样子。

亲爱的小读者，虚荣心是可怕的魔鬼，它会诱使你走上歧途。那些不属于你的东西，你不可以用不正当的方式去获取它们。

人的精力是有限的，如果你把精力全花在追求虚荣上，你的生命就会变得空洞无聊。多做点有意义的事情吧，你的生活会因此变得更加充实有趣。

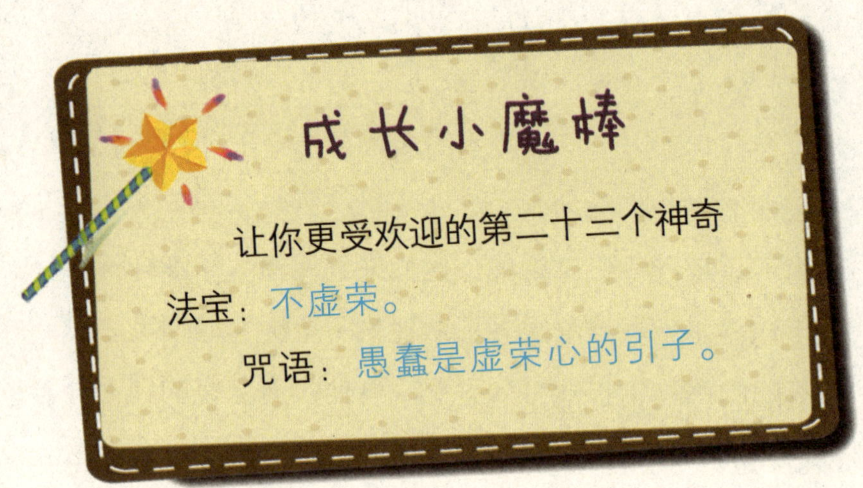

留音石

有个愁容满面的樵夫想要去寻找智者，请他解答自己的疑惑。

智者住在一座很高的山上，樵夫长途跋涉，终于抵达了目的地。

“这太阳可真大啊，快把人晒死了。”樵夫喘了口气，继续抱怨道，“真是倒霉，包里的食物都闷坏了。”

智者不紧不慢地泡了一壶茶，请樵夫坐下。

“智者，我想向您请教一个问题，为什么大家都不喜欢我呢？”樵夫将困扰了自己许久的问题说了出来。

樵夫一开口，就滔滔不绝地抱怨起来。

他为人忠厚，勤勤恳恳，慷慨大方，从不占别人的便宜。

可是，他连一个朋友都没有。

邻居们看到他就远远地躲开，甚至连他的家人也不愿意和他聊天。

“我每天累死累活地上山砍柴养家，邻居有困难我也会尽量帮助他们。我做错了什么，上天要这样对待我？”樵夫的眉头紧紧地皱了起来，眼里满是痛苦的神色。

智者听完，微微一笑。他没有回答樵夫的问题，只是送给樵夫一块石头。

“这是一块神奇的留音石，你将这块石头随身携带，三个月后再来找我。”智者说完，将困惑不解的樵夫送出门。

不到三个月，樵夫就再次敲开了智者的家门。

“快把您的留音石收回去吧。”他一进屋，就将留音石递给智者。

他刚开了个头，留音石就发出了声音：“真是倒霉，真是倒霉。”

樵夫瞪了留音石一眼，无奈地说：“这块留音石真是太晦

气了，我……”

他的话再次被留音石打断了：“真是受不了，真是受不了。”

接下去，只要樵夫一开口，留音石就会开口接话。

“下雨了，真倒霉。”

“烦死人了。”

“差一点就赶上了。”

“唉！”

“运气真糟糕。”

…………

樵夫的脸色越来越难看，他长长地叹了口气：“唉，烦死人了，真是受不了。”

他抬头去看智者，可是智者只是微笑着问了他一个问题：“这块石头刚开始会说话吗？”

樵夫愣了一下，脸突然变红了。

留音石本不会说话，它现在说的每一句话都是樵夫经常挂在嘴边的话。

樵夫好像明白了什么。

智者微笑着说：“你把留音石带回去，当你想要抱怨的时候就深呼吸，尝试着换一种说法；或者转移注意力，做点别的事情。三个月后，你再把留音石还给我。”

樵夫带着留音石回去了。

他时刻牢记智者的话，打算尽力改掉不停抱怨的习惯。

刚开始樵夫简直快憋坏了，可是慢慢地，烦躁不见了，他的心静了下来。

一切似乎变得顺利了。

他的家人不知从什么时候开始，主动和他聊天了；邻居猎到一头野猪，还割了一块猪肉送给他。

三个月后，智者的门又被敲响了。

樵夫来了。

不过这次他的脸上挂着笑容，神采奕奕的，就像完全变了个人一样。

樵夫笑着说："我又来了，不过，这次是特地来感谢您的！"

留音石又忍不住了，它紧跟着接了一句："今天真不错！"

智者忍不住微笑起来。他知道，困扰樵夫的问题已经解决了。

一个“歪主意”

抱怨是往鞋子里倒水，越抱怨自己越难受。

你的周围有没有爱抱怨的人呢？

爱抱怨的人浑身充满了负能量，他们的注意力总是被不好的事物所吸引，越是这样，他们便越是觉得生活处处不如意。

这不仅会使他们陷入一个非常可怕的恶性循环，还会影响周围人的情绪。

有一个令人啼笑皆非的小故事。

一位年近六十的妻子有一天突然发现她的丈夫竟然装了二十多年的聋人！

妻子太生气了，丈夫怎么会做出这么“奇葩”的事？

周围的人问她的丈夫为何要装聋人时，她的丈夫无奈地说：“她每天回家就各种抱怨，这里不如意，那里也不如意，我实在听不下去了。”

丈夫想出了一个“歪主意”：如果扮成一个聋人，假装听不见，是不是就可以不用忍受妻子的唠叨了？

没想到这个“歪主意”真灵，妻子以为他真的听不见了，终于停止了唠叨。丈夫总算摆脱了“负能量攻击”，心里轻松了许多。这一装便是二十几年。

亲爱的小读者，没有人愿意和爱抱怨的人相处。如果你是一个爱抱怨的人，一定要赶紧改掉这个坏毛病呀！你会发现，当你的抱怨逐渐变少时，快乐的事情就会越来越多。

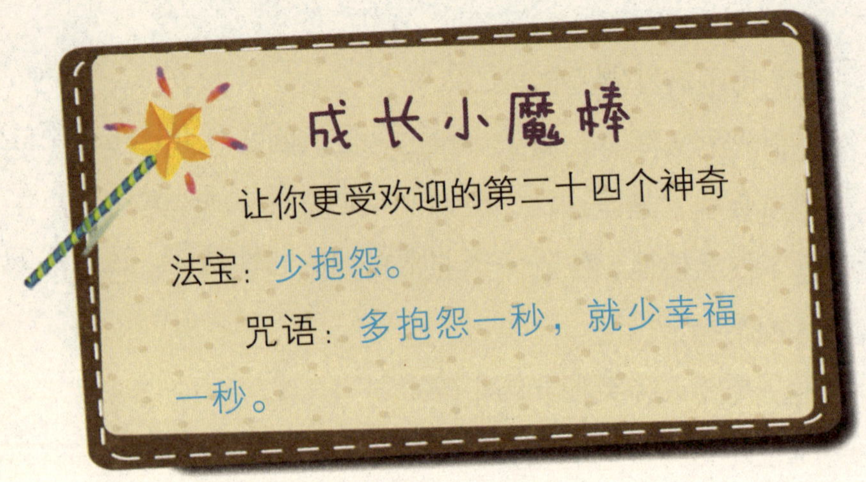

成长小魔棒

让你更受欢迎的第二十四个神奇法宝：少抱怨。

咒语：多抱怨一秒，就少幸福一秒。

痘痘哥

星期天早上，健健被镜子里的自己吓了一大跳，他居然长了满脸的红疙瘩。

妈妈赶紧带健健去医院检查，医生说健健是因为吃多了螃蟹，导致皮肤过敏。

虽然医生说只要用点药红疙瘩就会慢慢消退，可健健却仍旧焦虑不安。明天他就要去学校了，自己长了满脸痘痘，肯定会被同学们笑话的。

妈妈为健健准备了一个口罩，健健用口罩把脸遮了个严实。周一的早晨，健健刚踏进校园，就引来了许多同学好奇的眼光。健健慢吞吞地走到教室门口，这时，班上的调皮鬼豪豪像是发现了新大陆似的，盯着健健，说："哟，这不是健健吗？成蒙面大侠啦？"

健健低着头，快步走到自己的座位上坐好，可豪豪和阿荣一直在盯着自己的脸看，还不时发出坏笑声。

课间休息时，豪豪不怀好意地溜到健健身旁，趁健健不注意，猛地把健健的口罩扯掉了。

“快看，快看，健健的脸！”豪豪指着健健满是痘痘的脸哈哈大笑，大声嘲讽，“健健，你这痘痘密密麻麻的，跟蜜蜂窝似的！”

阿荣也在一旁添油加醋：“干脆叫你痘痘哥得了！”

“对对对，痘痘哥，痘痘哥！”豪豪更加幸灾乐祸地说。

健健瞪了他俩一眼，飞快地跑了，背后还传来他们的戏谑声：“痘痘哥要去进行痘痘大作战了……”

健健回到座位上，忍不住哭了出来 。“这满脸的痘痘真难看，丢人现眼！”他想。

这时，伟利走了过来，健健连忙不安地把头扭向一边。

伟利笑着说：“健健，长几颗痘痘没什么大不了的！”

“可是，我这满脸痘痘，都快让别人笑话死了！”

伟利把手放在健健的肩上，安慰道：“别理豪豪和阿荣他们，长自己的痘痘，让他们说去呗。”

对呀，何必在乎他们呢？健健擦掉了眼泪，不哭了。

第二天，健健走进教室，豪豪和阿荣又起哄道：“痘痘哥来上课了，哈哈哈！”

健健对他俩笑了笑，说：“痘痘哥谢谢你们的问候，这名字挺好听的。”豪豪和阿荣对视了一眼，咦，这招怎么不灵了？

几天后，健健脸上的红疙瘩消退了。

让人没想到的是，调皮鬼豪豪的一只眼睛被蜜蜂蜇了，肿成了一条缝儿。阿荣笑得肚子都痛了，还给他取了个外号叫“独眼龙”呢。

豪豪这下也尝到了被人嘲笑的滋味，气得跑出了教室，却在门口与健健撞个正着。他以为健健也会嘲笑自己，没想到健健却关切地问：“豪豪，你没事吧？”

豪豪愧疚地低下了头，真诚地向健健道了歉。他暗下决心，以后再也不随便嘲笑别人了。

瘸腿狮子

每个人的身上都有不完美的地方，请用善意的眼光看待他人的缺陷。

狮子阿拉是森林之王，他经常嘲笑森林里的小动物。

阿拉觉得自己拥有别人没有的优势。他嘲笑犀牛的屁股又大又肥，就像一口难看的大铁锅；嘲笑豹子的毛色不纯，长着发霉的斑斑点点；嘲笑大象的脚又粗又重，就像一根根烂树桩……

动物们都惧怕狮子，他们默默忍受着，没有吭声。

有一天，阿拉去森林里觅食时，不小心掉进了猎人的陷阱，摔伤了腿，走路一瘸一拐的，样子十分滑稽。

小动物们不仅没有嘲笑阿拉，还给阿拉包扎好了伤口。

阿拉很内疚，心想：我以前总是嘲笑别人，他们心里一定

不舒服。

他很羞愧，主动找那些动物一一道歉。

虽然狮子阿拉变成了瘸子，小动物们却比以前更喜欢他了。

亲爱的小读者，嘲笑是对他人的不尊重。你尊重别人，别人才能尊重你。每个人的身上都有不完美的地方，请用善意的眼光看待他人的缺陷。下一次，如果你想嘲笑别人，不妨把嘲笑换成赞美吧，魔法姐姐希望你能多多赞美和鼓励别人。

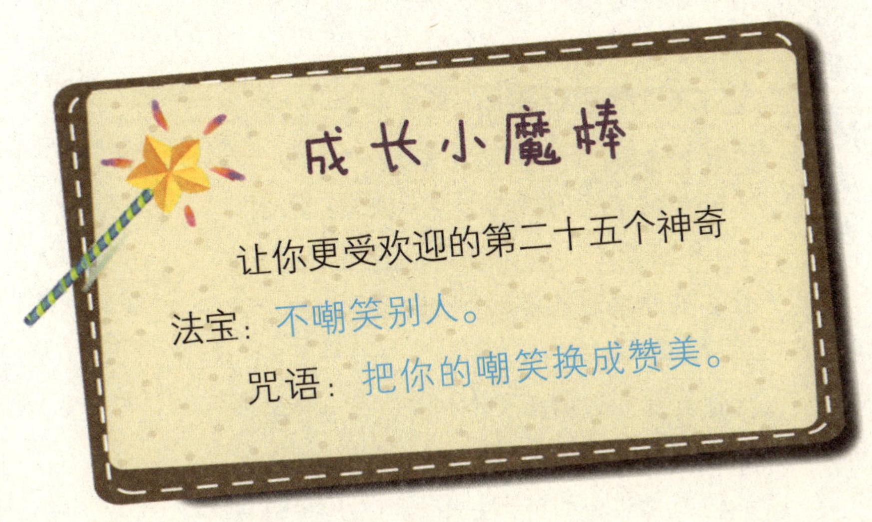

附录

让你更受欢迎的神奇法宝

让你更受欢迎的第一个神奇法宝：乐观。

咒语：冬天已经到来，春天还会远吗？

让你更受欢迎的第二个神奇法宝：豁达。

咒语：心如大地者明。

让你更受欢迎的第三个神奇法宝：友善。

咒语：温煦和友善来敲门，坚厚的铁门也会开。

让你更受欢迎的第四个神奇法宝：自信。

咒语：先相信自己，然后别人才会相信你。

让你更受欢迎的第五个神奇法宝：宽容。

咒语：腹中天地宽，常有渡人船。

让你更受欢迎的第六个神奇法宝：慷慨。

咒语：给予比索取更快乐。

让你更受欢迎的第七个神奇法宝：分享。

咒语：独乐乐，不如众乐乐。

让你更受欢迎的第八个神奇法宝：耐心。

咒语：常常是最后一把钥匙开了门。

让你更受欢迎的第九个神奇法宝：细心。

咒语：魔鬼藏在细节中。

让你更受欢迎的第十个神奇法宝：爱笑。

咒语：微笑是一种人与人之间的奇妙电波。

让你更受欢迎的第十一个神奇法宝：积极。

咒语：积极的人方能掌握命运的主动权。

让你更受欢迎的第十二个神奇法宝：坚强。

咒语：一个人可以被毁灭，但不能被打败。

让你更受欢迎的第十三个神奇法宝：好心态。

咒语：微笑面对世界，世界也会回报以微笑。

让你更受欢迎的第十四个神奇法宝：拥抱友情。

咒语：友谊是一棵可以为你遮阳的大树。

让你更受欢迎的第十五个神奇法宝：拒绝孤僻。

咒语：敞开心扉，接受爱的拥抱。

让你更受欢迎的第十六个神奇法宝：善于沟通。

咒语：推心置腹的谈话是彼此心灵的展示。

让你更受欢迎的第十七个神奇法宝：多点幽默。

咒语：幽默是生活的润滑剂。

让你更受欢迎的第十八个神奇法宝：拒绝拖拉。

咒语：少年易老学难成，一寸光阴不可轻。

让你更受欢迎的第十九个神奇法宝：控制情绪。

咒语：控制情绪，你就掌控了生活的开关。

让你更受欢迎的第二十个神奇法宝：不乱发脾气。

咒语：愤怒让人面目可憎。

让你更受欢迎的第二十一个神奇法宝：不冲动。

咒语：理智是拴住野马的缰绳。

让你更受欢迎的第二十二个神奇法宝：不计较。

咒语：计较越多，失去越多。

让你更受欢迎的第二十三个神奇法宝：不虚荣。

咒语：愚蠢是虚荣心的引子。

让你更受欢迎的第二十四个神奇法宝：少抱怨。

咒语：多抱怨一秒，就少幸福一秒。

让你更受欢迎的第二十五个神奇法宝：不嘲笑别人。

咒语：把你的嘲笑换成赞美。

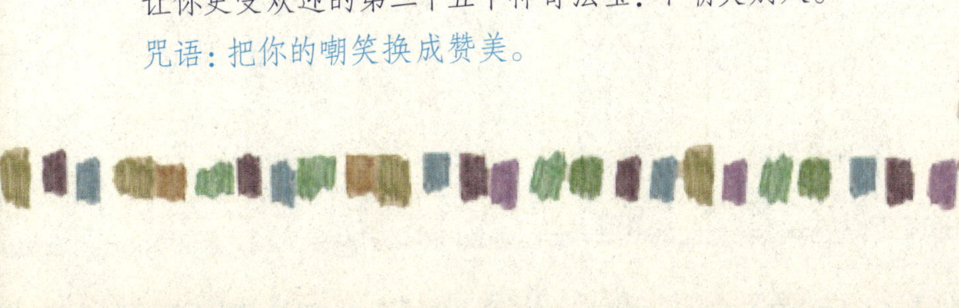

《小飞仙美德图画书》·花神的奖励·真假蚕宝宝·勇敢水配方·河马比美赛·最美泥巴菜·淘气惹的祸·仙境守护神·三颗马蜂牙·沙漠五个瓜·变大变小咒·恶巨人来了·破解怪泡泡·乌鸦的诡计·人鱼的眼泪·女

《非常成长书》·我长大后有出息·我为自己点个赞·我对拖拉说再见·我也能考一百分·我是超级人气王·我是一个乐天派·我的成长没烦恼·我和爸妈是好友·我有好多好习惯·不再麻烦好妈妈·分享让我变快乐·别让胆小打败你·聪明不是天生的·挫折其

《欢乐嘻哈镇》·笑笑鼠来了·尾巴哇咔咔·和鳄鱼打赌·老龙的梦想·好奇害死兔·做虫要厚道·流浪狗风波·心跳历险记·好心可乐狼·糊涂蛋寻亲·智斗黄鼠狼·吹牛排行榜

发光的麦粒
臭嘴变甜嘴 · 三个糊涂蛋 · 瓜鸟挑战赛 · 发光的麦粒
好性格成就
更好的我
管住自己并不难 · 战胜诱惑才能赢 · 好性格成就更好的我
欢乐嘻哈镇
获奖证书
文艺类图书《魔法小仙子》获得第十二届精神文明建设“五个一工程”优秀作品奖。
特此表彰。

图书在版编目（CIP）数据

好性格成就更好的我 / 晓玲叮当编著. — 南昌：二十一世纪出版社集团，2019.12（2020.4 重印）

（非常成长书；17）

ISBN 978-7-5568-4398-5

Ⅰ. ①好… Ⅱ. ①晓… Ⅲ. ①心理健康—健康教育—少儿读物 Ⅳ. ①G444-49

中国版本图书馆CIP数据核字(2019)第224183号

好性格成就更好的我

HAO XINGGE CHENGJIU GENG HAO DE WO

晓玲叮当 编著

出 版 人	刘凯军
责任编辑	方　敏　陈　沁
内文插画	赵志敏
美术编辑	饶思婕
出版发行	二十一世纪出版社集团 (江西省南昌市子安路75号　330025)
网　　址	www.21cccc.com　cc21@163.net
经　　销	新华书店
印　　刷	江西华奥印务有限责任公司
版　　次	2019年12月第1版
印　　次	2020年4月第2次印刷
印　　数	60 001~80 000册
开　　本	720mm×960mm　1/16
字　　数	90千字
印　　张	9.25
书　　号	ISBN 978-7-5568-4398-5
定　　价	22.00元

赣版权登字-04-2019-559